중국어

중급
STEP 2

파고다교육그룹 언어교육연구소 ┃ 장위안 저

PAGODA Books

이 까 짓 중국어 중급 STEP 2

초판 1쇄 인쇄 2016년 2월 29일
초판 1쇄 발행 2016년 3월 9일

지 은 이 | 파고다교육그룹 언어교육연구소, 장위안
펴 낸 이 | 박경실
펴 낸 곳 | Wit&Wisdom 도서출판 위트앤위즈덤
임프린트 | PAGODA Books
출판등록 | 2005년 5월 27일 제 300-2005-90호
주   소 | 06614 서울특별시 서초구 강남대로 149, 19층(서초동, 파고다타워)
전   화 | (02) 6940-4070
팩   스 | (02) 536-0660
홈페이지 | www.pagodabook.com

저작권자 | ⓒ 2016 파고다아카데미

ISBN 978-89-6281-710-2 (14720)

도서출판 위트앤위즈덤   www.pagodabook.com
파고다 어학원   www.pagoda21.com
파고다 스타   www.pagodastar.com
테스트 클리닉   www.testclinic.com

PAGODA Books 는 도서출판 Wit&Wisdom 의 성인 어학 전문 임프린트입니다.
낙장 및 파본은 구매처에서 교환해 드립니다.

이까짓 중국어는…

- 철저한 말하기 중심의 교재!
- 어떤 교재에서도 볼 수 없었던 획기적인 구성!
- 일상 생활에서 바로 쓸 수 있는 생생한 회화 표현!

시시각각 빠르게 변화하는 세계 속에서 중국은 이제 더 이상 지리적으로만 가까운 나라가 아닌 정치, 경제, 사회, 문화 등 모든 분야에서 우리와는 더욱 긴밀한 관계의 나라가 되었습니다. 중국을 보다 정확히 이해하기 위해서는 그들과의 커뮤니케이션이 가장 중요하기 때문에 최근 중국어를 배우고자 하는 사람들이 점점 많아지고 있습니다. 하지만 막상 중국어를 배우려고 하면 한자, 성조 등 여러 가지 부담 요소가 있기 때문에 선뜻 중국어 공부를 시작하기 꺼려하는 분들도 많을 것입니다. 이까짓 중국어 시리즈는 다년간 중국어 교육에 종사해온 전문가들이 학습자들의 이런 부담은 최소화 하고 흥미와 재미는 더욱 높여 누구라도 쉽고 재미있게 중국어를 배울 수 있게 만든 철저한 말하기 중심의 교재입니다. 이까짓 중국어 시리즈는 교과서적인 딱딱한 표현에서 벗어나 매 과마다 재미있는 상황극을 통해 실제 상황에서 바로 사용할 수 있는 자연스러운 회화 표현들을 배울 수 있게 구성하였습니다. 또한 어려운 문법용어를 최대한 배제하여 누구라도 쉽게 이해할 수 있도록 하였고, 쓰기 보다는 말하기 위주의 연습을 통해 단 시간 안에 귀가 뻥 뚫리고 입이 탁 트일 수 있게 만들었습니다.

음식도 한꺼번에 너무 많이 먹으면 체하는 것처럼 중국어 공부도 처음에 너무 욕심을 내면 일정 수준에 오르기 전에 지칠 수 있습니다. 그러나 이까짓 중국어쯤이야! 하는 가벼운 마음으로 부담 없이 공부하면 어느새 중국어의 매력에 빠져들 것이고, 어느 순간 자신도 모르게 중국인과 농담을 주고 받으며 웃고 있는 모습을 발견할 수 있게 될 것입니다. 또한 파고다 스타에서 제공하는 동영상 강좌를 함께 보면서 학습한다면 중국어 학습의 흥미와 효과는 배가 될 것입니다.

자, 이제 여러분도 이까짓 중국어와 함께 생동감 넘치고 통통 튀는 중국어 세계에 푹 빠져보세요!

마지막으로 이 책이 출판되기까지 물심양면으로 도와주신 모든 분들께 감사의 말씀을 전하며, 특히 항상 애정과 관심으로 지원해 주시는 파고다교육그룹 박경실 회장님께 고개 숙여 감사드립니다.

2016. 02

파고다교육그룹 언어교육연구소 저자진 일동

포인트 알아보기

핵심 포인트로 워밍업!

본격적인 회화 학습에 앞서 각 과에서 꼭 알아야 하는 핵심 포인트가 무엇인지 파악할 수 있어요.

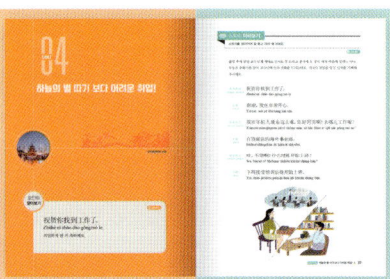

스토리 미리보기

상황별 생생한 회화 익히기!

일상생활에서 일어날 수 있는 다양한 소재로 구성한 재미있고 생동감 넘치는 회화를 만날 수 있어요. 잘 듣고 큰 소리로 따라 읽어 보세요.

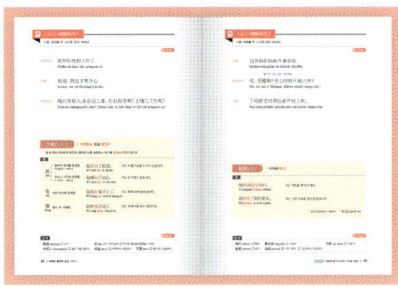

스토리 파헤치기 1, 2

회화, 문법, 관용표현을 동시에!

회화 내용을 부담 없이 연습할 수 있도록 단락을 나누어 구성했어요. 먼저 오늘의 새로운 단어를 듣고 따라 읽은 후, 본문을 큰 소리로 읽어 보세요. 본문을 학습하면서 새로운 문법 요소, 관용적인 표현 등을 바로 학습할 수 있도록 정리했으니 이해의 폭을 넓혀 보세요.

문장 바꿔보기

패턴 연습을 통해 중국어 회화의 자신감 충전!

핵심 패턴을 중심으로 여러 가지 표현을 학습할 수 있게 구성했어요. 단어나 구의 교체 연습을 통해 중국어의 문장 구조를 완벽히 마스터 할 수 있어요. 큰 소리로 읽고 외우면서 모든 표현을 내 것으로 만들어 보세요.

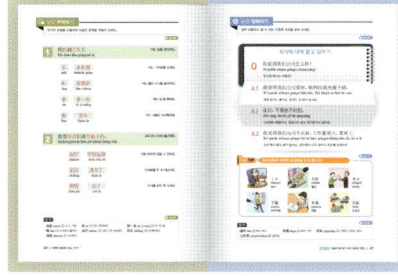

표현 정복하기

같은 상황에서의 다양한 표현 정복!

같은 상황에서 말할 수 있는 여러 가지 표현을 배울 수 있어요. 중국 현지인과의 대화에서 유용하게 사용될 수 있는 표현 위주로 정리되어 있으니 자신의 회화 실력을 한층 더 업그레이드 시켜 보세요.

플러스 팁!

어휘 실력 업그레이드!

각 과의 내용과 연관된 단어를 좀 더 확충해서 연습할 수 있어요. 다양한 어휘 학습을 통해 중국어 표현을 좀 더 풍부하게 만들어 보세요.

내 것으로 만들기1

본문의 내용을 완전히 내 것으로!

기계적인 문장 암기가 아닌 자신의 언어로 이야기를 만들 수 있게 구성했어요. 본문의 내용을 토대로 그림의 순서대로 이야기를 만들다 보면 어느새 본문 내용이 완벽하게 내 것으로 되어 있을 거예요.

내 것으로 만들기 2

자신의 상황을 유창한 중국어로!

제시된 단어를 참고하여 질문에 대한 자신의 상황을 중국어로 유창하게 말해보는 코너에요. 지금까지 배운 단어, 문장을 총 동원하여 단답형이 아닌 서술형의 문장으로 자유롭게 이야기해 보세요.

중국인처럼 읽기

병음을 보지 않고 중국인처럼 유창하게!

성조만 표시되어 있는 중국어를 보고 읽어 볼 수 있도록 구성했어요. 한자만 보고도 유창하게 읽을 수 있게 여러 번 듣고 따라 읽어 보세요.

중국문화 산책하기

중국어의 재미를 두 배로!

다양한 중국 문화 및 재미있는 신조어, 관용어 등을 배울 수 있어요. 일상생활에서도 유용하게 사용할 수 있으니 꼭 놓치지 마세요.

참고 | **이 책의 품사 표기 방법!**

| 동 동사 | 부 부사 | 명 명사 | 조 조사 | 양 양사 | 수 수사 | 성 성어 | 형 형용사 |
| 전 전치사 | 접 접속사 | 의 의성어 | 대 대명사 | 감탄 감탄사 | 조동 조동사 | 고유 고유명사 | 의대 의문대명사 |

 **이 책의 CD 구성**　　　 교재 MP3　　　 단어 MP3　　　 본문 MP3　　　 문법설명 MP3

📖 목차

金美娜 Jīn Měinà
김미나

20대 한국인 여성
대학 졸업 후 백화점에
취업하여 중국 지사에서
일을 하게 됨

金美善 Jīn Měishàn
김미선

20대 초반의 대학생
미나의 여동생

亮亮 Liàngliang
량량

20대 중국인 여성
오래 전 한국에서 알게 된
미나의 중국 친구

大鹏 Dàpéng
따펑

20대 중국인 청년
미나와 미선의 중국친구

小野 Xiǎoyě
샤오예

20대 중국인 청년
미나와 미선의 중국친구

王明 Wángmíng
왕밍

20대 중국인 여성
미나의 직장 동료

중급 **STEP 2**

11

가사 분담! 이제는 필수!

선양(沈阳) 선양고궁(沈阳故宫)

포인트
알아보기

11-01

今天难得休息，我来做饭吧。
Jīntiān nán dé xiūxi,　wǒ lái zuò fàn ba.

오늘 모처럼 쉬는데, 내가 요리 할게.

스토리를 생각하며 잘 듣고 따라 해 보세요.

🔊 **11-02**

토요일 오후 량량의 집. 신혼 초에는 남편 리원이 자주 요리를 해주곤 했는데, 요즘은 바빠서 통 솜씨를 발휘할 기회가 없었네요. 모처럼 온종일 쉬고 있는 리원이 오늘은 부인을 위해 앞치마를 둘렀습니다. 과연 예전 솜씨 그대로일까요?

亮亮
Liàngliang
亲爱的，我好久没吃过你做的菜了，好怀念啊!
Qīn'àide, wǒ hǎo jiǔ méi chī guo nǐ zuò de cài le, hǎo huáiniàn a!

李文
Lǐ wén
今天难得休息，我来做饭吧。
Jīntiān nán dé xiūxi, wǒ lái zuò fàn ba.

亮亮
Liàngliang
太棒了，我特别想吃你做的红烧排骨。
Tài bàng le, wǒ tèbié xiǎng chī nǐ zuò de Hóngshāopáigǔ.

李文
Lǐ wén
没问题，你去看电视吧。我一个人来就可以了。
Méi wèntí, nǐ qù kàn diànshì ba. Wǒ yí ge rén lái jiù kěyǐ le.

(李文做好了红烧排骨。)
(Lǐ wén zuò hǎo le Hóngshāopáigǔ.)

亮亮
Liàngliang
哇! 好香啊!
Wa! Hǎo xiāng a!

李文
Lǐ wén
赶紧趁热吃吧。
Gǎnjǐn chèn rè chī ba.

亮亮
Liàngliang
哎呀，怎么这么咸，
Āiya, zěnme zhème xián,

是不是太久没做饭，连手艺都退步了?
shì bu shì tài jiǔ méi zuò fàn, lián shǒuyì dōu tuì bù le?

다음 대화를 큰 소리로 읽어 보세요.

 11-04

亮亮　　'자기야'라는 뜻으로 부부 또는 연인 사이에 서로를 부르는 호칭으로 쓰여요.

亮亮　**亲爱的**，我好久没吃过你做的菜了，好怀念啊!
　　　Qīn'àide, wǒ hǎo jiǔ méi chī guo nǐ zuò de cài le, hǎo huáiniàn a!

李文　今天难得休息，我来做饭吧。
　　　Jīntiān nán dé xiūxi, wǒ lái zuò fàn ba.

　　　　　　　　　　　　　　갈비에 기름과 설탕 등 각종 양념을 넣고 익힌 중국요리의 일종.

亮亮　太棒了，我特别想吃你做的**红烧排骨**。
　　　Tài bàng le, wǒ tèbié xiǎng chī nǐ zuò de Hóngshāopáigǔ.

李文　没问题，你去看电视吧。我一个人来就可以了。
　　　Méi wèntí, nǐ qù kàn diànshì ba. Wǒ yí ge rén lái jiù kěyǐ le.

今天难得休息，我来做饭吧。 : 오늘 모처럼(오랜만에) 쉬는데,
　　　　　　　　　　　　　　　　내가 요리 할게.

难得는 '얻기 힘들다, ～하기 어렵다'의 의미입니다.

예

我不想错过这次很**难得**的机会。　　저는 이번에 힘들게 얻은 기회를 놓치고 싶지 않아요.
Wǒ bù xiǎng cuòguò zhè cì hěn nán dé de jīhuì.

这种花在北方很**难得**一见。　　이런 꽃은 북쪽에서는 보기 드물어요.
Zhè zhǒng huā zài běifāng hěn nán dé yí jiàn.

* 错过[cuòguò] (시기나 대상을) 놓치다, 엇갈리다　* 机会[jīhuì] 기회　* 北方[běifāng] 북쪽, 북방

11-03

단 어

亲爱的 qīn'àide 달링, 자기야 (연인 또는 부부 사이에서 부르는 호칭)　**怀念** huáiniàn 图 회상하다, 그리워하다
难得 nán dé 图 얻기 어렵다, 드물다, 오랜만이다　**棒** bàng 图 좋다, 강하다
红烧排骨 Hóngshāopáigǔ 고유 홍사오파이구

다음 대화를 큰 소리로 읽어 보세요.

🔊 11-06

(李文做好了红烧排骨。)
(Lǐ wén zuò hǎo le Hóngshāopáigǔ.)

亮亮 哇! 好香啊!
Wa! Hǎo xiāng a!

> '식기 전에 드세요'라는 관용적인 표현으로 여기에서
> 趁은 '~을 틈타, ~(하는) 김에'라는 뜻이에요.

李文 赶紧趁热吃吧。
Gǎnjǐn chèn rè chī ba.

亮亮 哎呀, 怎么这么咸, 是不是太久没做饭, 连手艺都退步了?
Āiya, zěnme zhème xián, shì bu shì tài jiǔ méi zuò fàn, lián shǒuyì dōu tuì bù le?

连手艺都退步了? : 솜씨조차 나빠진 거 아니에요?

连A都B는 'A조차 B하다'라는 뜻의 고정격식입니다.

예

这个字连小孩儿都认识。
Zhè ge zì lián xiǎoháir dōu rènshi.

이 글자는 어린 아이조차 다 알아요.

我连女儿的生日都忘了。
Wǒ lián nǚ'ér de shēngrì dōu wàng le.

저는 딸의 생일조차 잊었어요.

🔊 11-05

단어

香 xiāng 혱 향기롭다 | 赶紧 gǎnjǐn 뿐 서둘러, 재빨리 | 趁 chèn 전 ~을 틈타, ~(하는) 김에
咸 xián 혱 짜다 | 连 lián 전 ~조차도, ~마저도 | 手艺 shǒuyì 몡 솜씨
连A都B lián A dōu B A조차도(마저도) B하다 | 退步 tuì bù 동 후퇴하다, 나빠지다, 퇴보하다

주어진 문형을 이용하여 다양한 표현을 만들어 보세요.

🎧 11-08

1 趁热吃吧。
Chèn rè chī ba.

뜨거울 때 드세요.

这个机会去中国吧
zhè ge jīhuì qù Zhōngguó ba

이 기회를 틈타 중국에 가세요.

他还没来，我告诉你
tā hái méi lái, wǒ gàosu nǐ

그가 아직 안 온 틈을 타서 당신에게 말해 줄게요.

她忙的时候，我逃走了
tā máng de shíhou, wǒ táo zǒu le

그녀가 바쁜 틈을 타서 저는 도망갔어요.

2 连手艺都退步了?
Lián shǒuyì dōu tuì bù le?

솜씨조차 나빠진 거 아니에요?

菜单 背下来了。
càidān bèi xià lai le.

메뉴판조차 외웠어요.

我 听明白了。
wǒ tīng míngbai le.

저조차 듣고 이해했어요.

小孩儿 读懂了。
xiǎoháir dú dǒng le.

어린 아이조차 읽고 이해했어요.

老师 猜错了。
lǎoshī cāi cuò le.

선생님조차 알아맞히지 못했어요.

🎧 11-07

단어

机会 jīhuì 명 기회 | 逃走 táo zǒu 동 도망가다, 도주하다 | 背 bèi 동 외우다, 암기하다
明白 míngbai 동 알다, 이해하다 | 猜 cāi 동 추측하다, 알아맞히다

같은 상황에서 쓸 수 있는 다양한 표현을 읽어 보세요.

🔗 11-10

식사 제안

A₁ 晚上我们出去吃吧。
Wǎnshang wǒmen chū qu chī ba.

저녁에 우리 나가서 먹어요.

A₂ 今天我们下馆子吧。
Jīntiān wǒmen xià guǎnzi ba.

우리 오늘 외식해요.

A₃ 要不我们今天出去改善一下生活?
Yàobù wǒmen jīntiān chū qu gǎishàn yíxià shēnghuó?

오늘 우리 나가서 생활 좀 개선해 볼까요?
(=오늘 우리 나가서 좋은 것 먹든지 할까요?)

B 还是在家吃吧，家里做的又便宜又卫生。
Háishi zài jiā chī ba, jiā li zuò de yòu piányi yòu wèishēng.

역시 집에서 먹는 게 좋겠어요. 집에서 만든 것이 싸고 위생적이잖아요.

PLUS TIP ➕ 요리와 관련된 표현들을 알아봅시다!

🔗 11-11

西餐
xīcān
서양 요리

日本料理
Rìběn liàolǐ
일본 요리

三明治
sānmíngzhì
샌드위치

香肠
xiāngcháng
소시지

단 어

🔗 11-09

下馆子 xià guǎnzi 음식점에 식사하러 가다, 외식하다 | 要不 yàobù 젭 ~하거나, ~하든지
改善 gǎishàn 튕 개선하다 | 生活 shēnghuó 몡 생활 / 튕 생활하다 | 卫生 wèishēng 몡 위생 / 혱 위생적이다

내 것으로 **만들기 1**

다음 그림을 보고 그림의 순서대로 이야기를 만들어 보세요.

11-12

[星期六下午]

[红烧排骨]

[做完饭]

[去看电视]

[淡]

다음 질문에 대해 자신의 상황에 맞춰 중국어로 대답해 보세요.

1 你喜欢哪个国家的饮食？理由是什么？

2 你的拿手菜是什么？

3 你喜欢下馆子吗？

* 饮食[yǐnshí] 음식　* 拿手菜[náshǒucài] 가장 자신 있는 요리

참고단어

西餐
xīcān
서양음식

清淡
qīngdàn
담백하다

日本料理
Rìběn liàolǐ
일본 요리

韩国料理
Hánguó liàolǐ
한국 요리

大酱汤
dàjiàng tāng
된장찌개

泡菜炒饭
pàocài chǎofàn
김치 볶음밥

麻辣口味
málà kǒuwèi
맵고 입이 얼얼한 맛

炒年糕
chǎo niángāo
떡볶이

烹调
pēngtiáo
요리, 요리하다

炖牛排
dùn niúpái
갈비찜

卫生
wèishēng
위생적이다

省钱
shěng qián
돈을 아끼다

省时
shěng shí
시간을 절약하다

중국 여행, 이제 힘들지 않아요~

충칭(重庆) 무릉공원(武隆公园)

포인트
알아보기

🎧 12-01

如果是我的话，肯定会选择包车。

Rúguǒ shì wǒ de huà, kěndìng huì xuǎnzé bāochē.

만약 저라면, 틀림없이 '빠오처'를 선택할 거예요.

🔊 12-02

미선의 홀로서기 2탄! 혼자서 베이징 곳곳을 여행하려고 합니다. 어디를 어떻게 가야 하는지 아무것도 모르는 미선에게 따펑이 좋은 제안을 하는데요, 미선의 베이징 나들이는 성공할 수 있을까요?

美善
Měishàn
明天我想去颐和园、天安门和王府井看看。
Míngtiān wǒ xiǎng qù Yíhéyuán、Tiān'ānmén hé Wángfǔjǐng kàn kan.

你觉得怎么去最方便？
Nǐ juéde zěnme qù zuì fāngbiàn?

大鹏
Dàpéng
如果是我的话，肯定会选择包车。
Rúguǒ shì wǒ de huà, kěndìng huì xuǎnzé bāochē.

美善
Měishàn
什么叫包车？我不太清楚。
Shénme jiào bāochē? Wǒ bú tài qīngchu.

大鹏
Dàpéng
包车就是租一辆车和一位司机。
Bāochē jiùshì zū yí liàng chē hé yí wèi sījī.

他会一整天都为你服务。
Tā huì yì zhěngtiān dōu wèi nǐ fúwù.

美善
Měishàn
没想到包车这么好，那出行就太方便了。
Méi xiǎng dào bāochē zhème hǎo, nà chū xíng jiù tài fāngbiàn le.

但是价格会不会很贵？
Dànshì jiàgé huì bu huì hěn guì?

大鹏
Dàpéng
确实不太便宜，但这个钱值得花，
Quèshí bú tài piányi, dàn zhè ge qián zhídé huā,

而且还能节省不少时间。
érqiě hái néng jiéshěng bù shǎo shíjiān.

美善
Měishàn
好，我上网查一查。
Hǎo, wǒ shàng wǎng chá yi chá.

다음 대화를 큰 소리로 읽어 보세요.

🎧 12-04

美善　明天我想去颐和园、天安门和王府井看看。
　　　Míngtiān wǒ xiǎng qù Yíhéyuán、Tiān'ānmén hé Wángfǔjǐng kàn kan.

　　　你觉得怎么去最方便？
　　　Nǐ juéde zěnme qù zuì fāngbiàn?

렌터카를 뜻하며 운전기사도 함께 고용 가능해요.

大鹏　如果是我的话，肯定会选择 包车。
　　　Rúguǒ shì wǒ de huà, kěndìng huì xuǎnzé bāochē.

美善　什么叫包车？我不太清楚。
　　　Shénme jiào bāochē? Wǒ bú tài qīngchu.

大鹏　包车就是租一辆车和一位司机。他会一整天都为你服务。
　　　Bāochē jiùshì zū yí liàng chē hé yí wèi sījī. Tā huì yì zhěngtiān dōu wèi nǐ fúwù.

如果是我的话，肯定会选择包车。　：**만약** 저라면, 틀림없이 '빠오처'를
선택할 거예요.

如果A的话는 '만약 A라면'의 뜻으로 가정문을 나타낼 때 씁니다.

예

如果今天下雪的话，我不会出去玩儿。
Rúguǒ jīntiān xià xuě de huà, wǒ bú huì chū qu wánr.

만약 오늘 눈이 온다면, 저는 밖에 놀러 나가지 않을 거예요.

如果可以的话，我想明年这个时候结婚。
Rúguǒ kěyǐ de huà, wǒ xiǎng míngnián zhè ge shíhou jié hūn.

만약 가능하다면, 저는 내년 이맘때쯤 결혼하고 싶어요.

* 这个时候[zhè ge shíhou] 이맘때

단 어　🎧 12-03

颐和园 Yíhéyuán `고유` 이허위안 (베이징에 있는 유명한 황실 정원의 하나, 지금은 관광지로 유명함)

王府井 Wángfǔjǐng `고유` 왕푸징 (지명)　│　**如果A的话** rúguǒ A de huà 만약 A라면

肯定 kěndìng `부` 확실히, 틀림없이　│　**选择** xuǎnzé `동` 고르다, 선택하다

包车 bāochē `명` 빠오처 (렌터카)　│　**辆** liàng `양` 대 (차량을 세는 단위)　│　**司机** sījī `명` 기사

(一)整天 (yì) zhěngtiān `명` 온종일　│　**为** wèi `전` ~을 위해　│　**服务** fúwù `동` 서비스하다, 봉사하다, 일하다

다음 대화를 큰 소리로 읽어 보세요.

🔊 12-06

'뜻밖에, 생각지도 못했다'라는 뜻이에요.

美善 **没想到**包车这么好，那出行就太方便了。
Méi xiǎng dào bāochē zhème hǎo, nà chū xíng jiù tài fāngbiàn le.

但是价格会不会很贵?
Dànshì jiàgé huì bu huì hěn guì?

大鹏 确实不太便宜，但这个钱值得花，而且还能节省不少时间。
Quèshí bú tài piányi, dàn zhè ge qián zhídé huā, érqiě hái néng jiéshěng bù shǎo shíjiān.

美善 好，我上网查一查。
Hǎo, wǒ shàng wǎng chá yi chá.

这个钱**值得**花。　: 이 돈은 쓸만한 가치가 있어요.

值得는 '~할 만하다, ~할 만한 가치가 있다'라는 뜻입니다.

예

张家界**值得**去一趟。　　　　장자제는 한 번 가볼 만하다.
Zhāngjiājiè zhídé qù yí tàng.

这部电影**值得**一看。　　　　이 영화는 한 번 볼 만하다.
Zhè bù diànyǐng zhídé yí kàn.

＊ 张家界[Zhāngjiājiè] 장자제(장가계)

🔊 12-05

단 어

没想到 méi xiǎng dào 뜻밖에, 생각지도 못했다 ｜ **出行** chū xíng 통 외출하다
确实 quèshí 부 확실히, 정말로 ｜ **值得** zhídé 통 ~할 만하다, ~할 만한 가치가 있다
花 huā 통 쓰다, 소비하다 ｜ **节省** jiéshěng 통 절약하다 ｜ **上网** shàng wǎng 통 인터넷을 하다
查 chá 통 찾다, 조사하다

1

如果是我的话，肯定会选择包车。
Rúguǒ shì wǒ de huà, kěndìng huì xuǎnzé bāochē.

만약 저라면, 틀림없이
'빠오처'를 선택할 거예요.

他不来
tā bù lái

我们就回去吧
wǒmen jiù huí qu ba

만약 그가 안 온다면,
우리도 돌아갑시다.

太贵
tài guì

我们就买别的吧
wǒmen jiù mǎi biéde ba

만약 너무 비싸다면,
우리 다른 것을 삽시다.

明天不能来
míngtiān bù néng lái

你就给我打个电话吧
nǐ jiù gěi wǒ dǎ ge diànhuà ba

만약 내일 못 온다면, 당신은
저에게 전화 한 통 해 주세요.

身体不舒服
shēntǐ bù shūfu

你就不用来了
nǐ jiù bú yòng lái le

만약 몸이 안 좋다면,
당신은 올 필요 없습니다.

2

没想到包车这么好。
Méi xiǎng dào bāochē zhème hǎo.

'빠오처'가 이렇게 좋은 줄은 생각지도 못했어요.

空调这么便宜
kōngtiáo zhème piányi

에어컨이 이렇게 쌀 줄은
생각지도 못했어요.

手机有这么多的功能
shǒujī yǒu zhème duō de gōngnéng

휴대폰에 이렇게 많은 기능이 있을 줄은
생각지도 못했어요.

他这么能干
tā zhème nénggàn

그가 이렇게 능력이 있을 줄은
생각지도 못했어요.

这本小说这么有意思
zhè běn xiǎoshuō zhème yǒu yìsi

이 소설이 이렇게 재미있을 줄은
생각지도 못했어요.

🎧 12-07

단어

空调 kōngtiáo 명 에어컨 | 功能 gōngnéng 명 기능 | 能干 nénggàn 형 유능하다. 능력있다

같은 상황에서 쓸 수 있는 다양한 표현을 읽어 보세요.

🔵 12-10

늦었을 때

Q 你为什么来晚了?
Nǐ wèishénme lái wǎn le?

왜 늦게 왔어요?

A₁ 路上堵车堵得很厉害。
Lù shàng dǔ chē dǔ de hěn lìhai.

길이 너무 막혔어요.

A₂ 我坐错车了。
Wǒ zuò cuò chē le.

차를 잘못 탔어요.

A₃ 我没赶上第一班车。
Wǒ méi gǎn shàng dì yī bān chē.

첫 차를 놓쳤어요.

🔵 12-09

단어

来晚了 lái wǎn le 늦게 왔다 | 堵车 dǔ chē 통 차가 막히다 | 赶 gǎn 통 따라가다, 따라잡다
赶上 gǎn shàng 시간에 맞추다, 시간에 대다 | 第一班车 dì yī bān chē 명 첫 차

다음 그림을 보고 그림의 순서대로 이야기를 만들어 보세요.

🎧 12-11

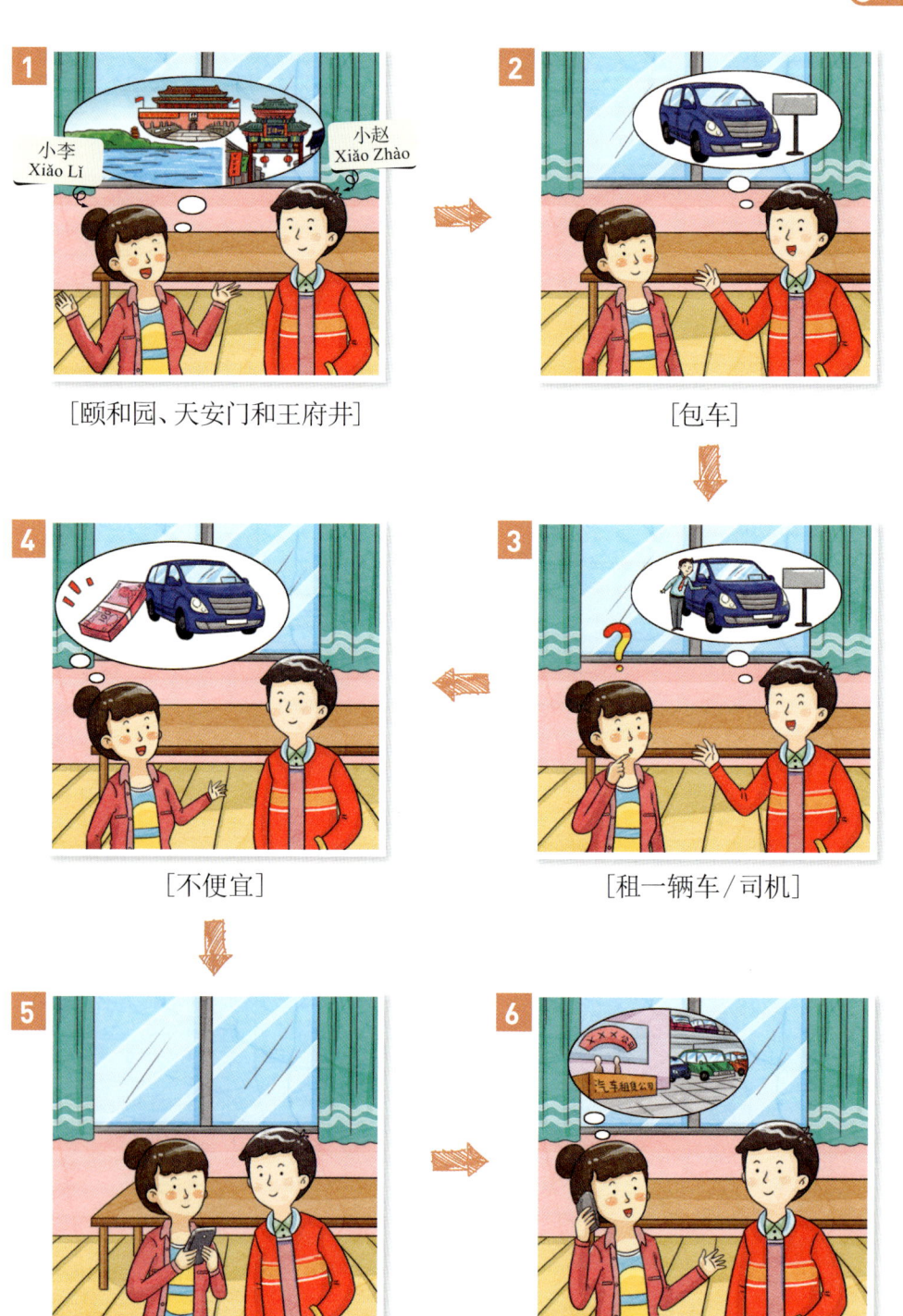

[颐和园、天安门和王府井]

[包车]

[不便宜]

[租一辆车／司机]

[上网查一查]

[打电话]

내 것으로 **만들기 2**

다음 질문에 대해 자신의 상황에 맞춰 중국어로 대답해 보세요.

1 你上班(上学)时使用什么交通工具?

2 你在国外坐过什么交通工具? 觉得怎么样?

3 你喜欢坐火车还是坐飞机? 为什么?

* 使用[shǐyòng] 사용하다   * 交通工具[jiāotōng gōngjù] 교통 수단

참고단어

公交车
gōngjiāochē
버스

骑车
qí chē
자전거를 타다

地铁
dìtiě
지하철

开车
kāi chē
운전하다

出租车
chūzūchē
택시

拥挤
yōngjǐ
붐비다, 혼잡하다

舒适
shūshì
편안하다, 쾌적하다

方便
fāngbiàn
편리하다

干净
gānjing
깨끗하다

繁杂
fánzá
복잡하다, 번잡하다

浪费
làngfèi
낭비하다

害怕
hàipà
무섭다

恐惧
kǒngjù
공포스럽다

时间
shíjiān
시간

녹음을 듣고 어조에 주의하여 큰 소리로 읽어 보세요.

12-12

1 我好久没吃过你做的菜了, 好怀念啊!
당신이 만든 요리를 오랫동안 못 먹어서, 너무 그리워요!

2 赶紧趁热吃吧。
뜨거울 때 빨리 드세요.

3 是不是太久没做饭, 连手艺都退步了?
너무 오랫동안 밥을 안 해서, 솜씨조차 나빠진 거 아니에요?

4 今天我们下馆子吧。
우리 오늘 외식해요.

5 还是在家吃吧, 家里做的又便宜又卫生。
역시 집에서 먹는 게 좋겠어요, 집에서 만든 것이 싸고 위생적이잖아요.

6 如果是我的话, 肯定会选择包车。
만약 저라면, 틀림없이 '빠오처'를 선택할 거예요.

7 包车就是租一辆车和一位司机。他会一整天都为你服务。
'빠오처'는 차와 운전 기사를 고용하는 거예요. 운전기사는 온종일 당신을 따라다닐 거예요.

8 你为什么来晚了?
왜 늦게 왔어요?

9 路上堵车堵得很厉害。
길이 너무 막혔어요.

10 我没赶上第一班车。
첫 차를 놓쳤어요.

중국에서 장기간 체류하다 보면 대중교통을 이용하는 경우가 많은데요,
우리는 보통 신용카드로 모든 교통수단의 결재가 가능하지만, 중국에서는 교통수단의 후불제 개념은
거의 없습니다. 대신 우리보다 훨씬 더 다양한 종류의 정기권이 있는데요,
어떤 것들이 있는지 한번 알아볼까요?

单程票 dānchéng piào | 1회권

1회 사용할 수 있으며 유효기간은 하루예요. 구매한 날에 사용하지 않았다면 당일 환불도 가능해요.

一日票 yí rì piào | 1일권

24시간 이용권으로 24시간 동안 무제한으로 사용 가능해요.

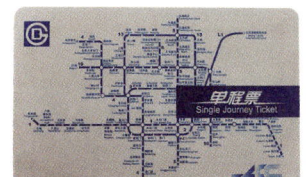

三日票 sān rì piào | 3일권

72시간 이용권으로 72시간 동안 무제한으로 사용 가능해요.

敬老卡 jìng lǎo kǎ | 경로우대권

70세 이상의 어르신들을 위한 무료 이용권이에요. 지역마다 다르지만 보통 출퇴근 시간대를 제외하고 무료로 지하철을 이용할 수 있어요.

우리의 정액권은 보통 가격을 기준으로 판매하는데, 중국은 시간을 기준으로 정액권을 판매하는 것이 우리와 좀 다른 점이네요. 중국에서 지하철을 이용할 때 이런 정보를 알아 두면 유용하겠죠!

사람보다 더 좋은 강아지 팔자

베이징(北京) 옥대교(玉带桥)

13-01

小狗比人还难伺候。

Xiǎogǒu bǐ rén hái nán cìhou.

강아지가 사람보다 더 돌보기 힘드네요.

🎧 13-02

량량이 결혼기념일에 여행을 간다고 하며 자신이 키우는 강아지를 미나에게 부탁했습니다. 강아지를 키워 본 적이 없는 미나는 걱정부터 앞서는데요, 강아지 돌보는 것이 이렇게 까다로울 줄은 정말 몰랐습니다. 과연 미나와 강아지의 동거가 순조로울 수 있을까요?

亮亮
Liàngliang

我下周要去旅行，想请你帮我照顾我的小狗。
Wǒ xià zhōu yào qù lǚxíng, xiǎng qǐng nǐ bāng wǒ zhàogu wǒ de xiǎogǒu.

美娜
Měinà

行，有什么要注意的吗？
Xíng, yǒu shénme yào zhùyì de ma?

亮亮
Liàngliang

有，只要注意四点就可以。
Yǒu, zhǐyào zhùyì sì diǎn jiù kěyǐ.

美娜
Měinà

好的，我记一下。
Hǎo de, wǒ jì yíxià.

亮亮
Liàngliang

第一，它的"一天三餐"不能是同样的食物。
Dì yī, tā de "yì tiān sān cān" bù néng shì tóngyàng de shíwù.

第二，上午十点、下午四点还要给她喂零食。
Dì'èr, shàngwǔ shí diǎn、xiàwǔ sì diǎn hái yào gěi tā wèi língshí.

第三，每天早晚都要陪它散步。
Dì sān, měitiān zǎo wǎn dōu yào péi tā sàn bù.

第四，晚上它要听着音乐才能睡觉。
Dì sì,   wǎnshang tā yào tīng zhe yīnyuè cái néng shuì jiào.

美娜
Měinà

天啊！它比人还难伺候。
Tiān a! Tā bǐ rén hái nán cìhou.

🎧 13-04

亮亮　我下周要去旅行，想请你帮我照顾我的小狗。
　　　Wǒ xià zhōu yào qù lǚxíng, xiǎng qǐng nǐ bāng wǒ zhàogu wǒ de xiǎogǒu.

美娜　行，有什么要注意的吗?
　　　Xíng, yǒu shénme yào zhùyì de ma?

亮亮　有，只要注意四点就可以。
　　　Yǒu, zhǐyào zhùyì sì diǎn jiù kěyǐ.

美娜　好的，我记一下。
　　　Hǎo de, wǒ jì yíxià.

只要注意四点就可以。 ： 네 가지 사항만 주의하면 됩니다.

只要A就B는 'A하기만 하면 B하다'라는 뜻의 고정격식입니다.

예

只要有电脑就行。　　　　　컴퓨터만 있으면 됩니다.
Zhǐyào yǒu diànnǎo jiù xíng.

只要努力，就会有好的结果。　노력하기만 하면 좋은 결과가 있을 거예요.
Zhǐyào nǔlì, jiù huì yǒu hǎo de jiéguǒ.

* 结果[jiéguǒ] 결과

🎧 13-03

단어

照顾 zhàogu 통 보살피다, 돌보다 ┃ 注意 zhùyì 통 주의하다, 조심하다 ┃ 只要 zhǐyào 접 ~하기만 하면
点 diǎn 명 점, 포인트 ┃ 记 jì 통 기억하다, 기록하다

다음 대화를 큰 소리로 읽어 보세요.

🔊 13-06

亮亮 第一，它的"一天三餐"不能是同样的食物。
Dì yī,　　tā de "yì tiān sān cān" bù néng shì tóngyàng de shíwù.

第二，上午十点、下午四点还要给她喂零食。
Dì'èr,　　shàngwǔ shí diǎn、xiàwǔ sì diǎn hái yào gěi tā wèi língshí.

第三，每天早晚都要陪它散步。
Dì sān,　měitiān zǎo wǎn dōu yào péi tā sàn bù.

第四，晚上它要听着音乐才能睡觉。
Dì sì,　　wǎnshang tā yào tīng zhe yīnyuè cái néng shuì jiào.

'맙소사'의 의미로 영어의 Oh my god! (하느님, 맙소사!)과 같은 의미입니다.

美娜 天啊!它比人还难伺候。
Tiān a! Tā bǐ rén hái nán cìhou.

小狗比人还**难**伺候。 : 강아지가 사람보다 더 돌보기 어렵네요.

难은 원래 '어렵다'라는 뜻의 형용사인데, 뒤에 술어가 붙어 '~하기 어렵다, ~하기 힘들다'의 뜻을 나타낼 수 있습니다. 반대로 '~하기 쉽다'의 뜻을 나타낼 때에는 술어 앞에 好를 쓰면 됩니다.

예

我觉得俄语很难学。　　　　저는 러시아어가 배우기 어렵다고 생각해요.
Wǒ juéde Éyǔ hěn nán xué.

汉语比英语好学。　　　　　중국어는 영어보다 배우기 쉬워요.
Hànyǔ bǐ Yīngyǔ hǎo xué.

他的口音很难听懂。　　　　그의 발음은 알아듣기 힘들어요.
Tā de kǒuyīn hěn nán tīng dǒng.

* 口音[kǒuyīn] 발음

🔊 13-05

단 어

第 dì (수사 앞에서) 제 | **一天三餐** yì tiān sān cān 하루 세끼 삼시 세끼 | 同样 tóngyàng 톙 서로 같다
食物 shíwù 톙 음식물 | 喂 wèi 통 먹이다 | 零食 língshí 톙 간식 군것질 | 早晚 zǎo wǎn 톙 아침과 저녁
它 tā 때 그것, 저것 (사람 이외의 것을 가리킴) | 散步 sàn bù 통 산책하다, 산보하다 | 天啊 tiān a 세상에, 맙소사
难 nán 뷔 ~하기 어렵다, ~하기 힘들다 | 伺候 cìhou 통 시중들다, 모시다, 돌보다

주어진 문형을 이용하여 다양한 표현을 만들어 보세요.

🔊 13-08

1 晚上它要听着音乐才能睡觉。 그것(강아지)은 저녁에 음악을 들어야
Wǎnshang tā yào tīng zhe yīnyuè cái néng shuì jiào. 잠을 잘 수 있어요.

天气晴朗 出去玩儿 날씨가 맑아야
Tiānqì qínglǎng chū qu wánr 나가서 놀 수 있어요.

大家一起合作 做完这件事 모두 함께 협력해야
Dàjiā yìqǐ hézuò zuò wán zhè jiàn shì 이 일을 다 할 수 있어요.

付出努力 得到好结果 노력해야 좋은 결과를
Fù chū nǔlì dé dào hǎo jiéguǒ 얻을 수 있어요.

经常去旅行 得到灵感 자주 여행을 가야
Jīngcháng qù lǚxíng dé dào línggǎn 영감을 얻을 수 있어요.

2 只要注意四点就可以。 네 가지 사항만 주의하면 됩니다.
Zhǐyào zhùyì sì diǎn jiù kěyǐ.

不下雨 去公园玩儿 비만 안 오면 공원에 놀러 가요.
bú xià yǔ qù gōngyuán wánr

认真学习 会考上大学 공부만 열심히 하면 대학에 합격할 거예요.
rènzhēn xuéxí huì kǎo shàng dàxué

多观察 会发现痕迹 많이 관찰하면 흔적을 발견할 수 있을 거예요.
duō guānchá huì fāxiàn hénjì

🔊 13-07

단 어

晴朗 qínglǎng 🗎 쾌청하다, 구름 한 점 없이 맑다 | 付出 fù chū 🗎 (노력, 대가 등을) 기울이다, 들이다, 지불하다
得到 dé dào 🗎 얻다, 획득하다 | 结果 jiéguǒ 🗎 결과 | 灵感 línggǎn 🗎 영감
认真 rènzhēn 🗎 착실하다, 열심히 하다 | 考上 kǎo shàng 🗎 ~에 합격하다, 붙다
观察 guānchá 🗎 관찰하다 | 发现 fāxiàn 🗎 발견하다 | 痕迹 hénjì 🗎 흔적, 자취

같은 상황에서 쓸 수 있는 다양한 표현을 읽어 보세요.

13-10

애완동물

A₁ 我想养一只宠物，但不知道养什么比较好。
Wǒ xiǎng yǎng yì zhī chǒngwù, dàn bù zhīdào yǎng shénme bǐjiào hǎo.

저는 애완동물 한 마리를 키우고 싶은데, 무엇을 키워야 좋을지 모르겠어요.

A₂ 你说养一只狗好，还是养一只猫好？
Nǐ shuō yǎng yì zhī gǒu hǎo, háishi yǎng yì zhī māo hǎo?

당신 생각에는 개를 키우는 것이 좋겠어요, 아니면 고양이를 키우는 것이 좋겠어요?

B 养一只猫怎么样？猫又干净，又安静。
Yǎng yì zhī māo zěnmeyàng? Māo yòu gānjìng, yòu ānjìng.

고양이 키우는 게 어때요? 고양이는 깨끗하고 조용해요.

13-11

PLUS TIP ➕ 동물과 관련된 표현들을 알아봅시다!

 宠物医院
chǒngwù yīyuàn
동물병원

 狗(猫)粮
gǒu(māo) liáng
개(고양이) 사료

 领养
lǐngyǎng
분양하다

 狗链
gǒu liàn
강아지 목줄

13-09

단 어

养 yǎng 圄 키우다, 양육하다 ｜ 宠物 chǒngwù 圀 애완동물 ｜ 猫 māo 圀 고양이

다음 그림을 보고 그림의 순서대로 이야기를 만들어 보세요.

13-12

女朋友 nǚ péngyou / 小金 Xiǎo Jīn

[宠物狗]

[照顾小狗]

[散步]

[喂零食]

[睡觉]

* 宠物狗[chǒngwù gǒu] 애완견

다음 질문에 대해 자신의 상황에 맞춰 중국어로 대답해 보세요.

1 你喜欢什么动物? 理由是什么?

2 你觉得养宠物有什么好处?

3 你有计划养宠物吗? 为什么?

참고단어

몸이 보내는 적신호, 그냥 넘기면 큰일나요!

항저우(杭州) 서호(西湖)

포인트
알아보기

🔊 14-01

最近脖子疼得要命，有时候还头晕。

Zuìjìn bózi téng de yàomìng,　yǒushíhòu hái tóu yūn.

요새 목이 아파 죽겠어요, 어떨 때는 머리까지 어지러워요.

🔊 14-02

회사에서는 매일 컴퓨터만 보고 일하고, 집에서는 매일 휴대폰만 보고 있는 미나. 바쁘다는 핑계로 운동은 게을리하니 몸에 이상 신호가 왔네요. 오늘은 점심시간에 정형외과에 가서 진찰을 받아 봅니다. 과연 미나는 어떤 상태일까요?

医生
Yīshēng
你哪儿不舒服?
Nǐ nǎr bù shūfu?

美娜
Měinà
最近脖子疼得要命,有时候还头晕。
Zuìjìn bózi téng de yàomìng, yǒushíhòu hái tóu yūn.

医生
Yīshēng
现在说不好你是什么问题,你先去拍个片子吧。
Xiànzài shuō bu hǎo nǐ shì shénme wèntí, nǐ xiān qù pāi ge piānzi ba.

(拍完片子后)
(pāi wán piānzi hòu)

医生
Yīshēng
你的脊椎有点变形,
Nǐ de jǐzhuī yǒudiǎn biànxíng,

你是不是经常低着头工作或者看手机?
nǐ shì bu shì jīngcháng dī zhe tóu gōngzuò huòzhě kàn shǒujī?

美娜
Měinà
是的,我的工作和休闲都离不开手机。
Shì de, wǒ de gōngzuò hé xiūxián dōu lí bu kāi shǒujī.

医生
Yīshēng
那可不行,这样下去你的症状会更加严重。
Nà kě bù xíng, zhè yàng xià qu nǐ de zhèngzhuàng huì gèngjiā yánzhòng.

尽量少用手机,有时间多做一做伸展运动。
Jǐnliàng shǎo yòng shǒujī, yǒu shíjiān duō zuò yi zuò shēnzhǎn yùndòng.

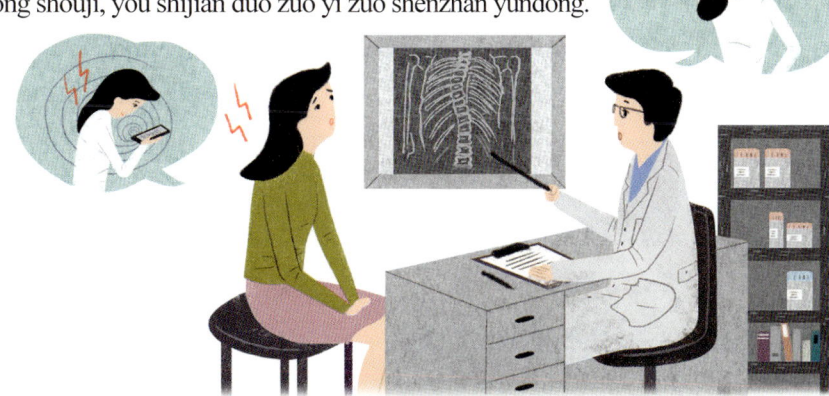

다음 대화를 큰 소리로 읽어 보세요.

🎧 14-04

医生   你哪儿不舒服?
        Nǐ nǎr bù shūfu?

美娜   最近脖子疼得要命, 有时候还头晕。
        Zuìjìn bózi téng de yàomìng, yǒushíhòu hái tóu yūn.

'확실히 말할 수 없다'의 의미로 추측성 어감이 강해요.

医生   现在 说不好 你是什么问题, 你先去拍个片子吧。
        Xiànzài shuō bu hǎo nǐ shì shénme wèntí, nǐ xiān qù pāi ge piānzi ba.

        (拍完片子后)
        (pāi wán piānzi hòu)

最近脖子疼得要命。 : 요새 목이 아파 죽을 지경이에요.

要命[yàomìng], 厉害[lìhai], 不得了 [bù de liǎo] 등이 정도 보어로 쓰여 상태가 매우 극심함을 나타낼 수 있습니다.

예

我现在饿得要命。   저는 지금 배고파 죽을 것 같아요.
Wǒ xiànzài è de yàomìng.

腰疼得厉害。   허리가 아파 죽겠어요.
Yāo téng de lìhai.

我最近忙得不得了。   저는 요즘 바빠 죽겠어요.
Wǒ zuìjìn máng de bù de liǎo.

🎧 14-03

단 어

脖子 bózi 몡 목 | 要命 yàomìng 동 죽을 지경이다 | 有时候 yǒushíhòu 뷔 가끔, 종종, 어떨 때는
头晕 tóu yūn 동 현기증이 나다, 머리가 어지럽다 | 说不好 shuō bu hǎo 확실히 말할 수 없다
拍 pāi 동 (영화, 사진 등을) 찍다 | 片子 piānzi 몡 X선 필름, 영화용 필름

다음 대화를 큰 소리로 읽어 보세요.

🔴 14-06

医生　你的脊椎有点变形，你是不是经常低着头工作或者看手机?
　　　Nǐ de jǐzhuī yǒudiǎn biànxíng, nǐ shì bu shì jīngcháng dī zhe tóu gōngzuò huòzhě kàn shǒujī?

美娜　是的，我的工作和休闲都离不开手机。
　　　Shì de, wǒ de gōngzuò hé xiūxián dōu lí bu kāi shǒujī.

医生　那可不行，这样下去你的症状会更加严重。
　　　Nà kě bù xíng, zhè yàng xià qu nǐ de zhèngzhuàng huì gèngjiā yánzhòng.

　　　尽量少用手机，有时间多做一做伸展运动。
　　　Jǐnliàng shǎo yòng shǒujī, yǒu shíjiān duō zuò yi zuò shēnzhǎn yùndòng.

那可不行，这样下去你的症状会更加严重。

: 그건 절대 안돼요, 이렇게 가다간 당신의 증상이 더 심각해 질 거예요.

可는 문장 안에서 강조의 뜻을 나타낼 수 있습니다.

예

他可是一个非常聪明的人。　　　그는 정말 똑똑한 사람이에요.
Tā kě shì yí ge fēicháng cōngming de rén.

我可不想再去那家饭店了。　　　저는 정말 그 식당에 다시는 가고 싶지 않아요.
Wǒ kě bù xiǎng zài qù nà jiā fàndiàn le.

* 饭店[fàndiàn] 호텔, 식당

단어　　　🔴 14-05

脊椎 jǐzhuī 몡 척추 ｜ 变形 biànxíng 동 변형하다, 모양이 변하다 ｜ 低头 dī tóu 동 머리(고개)를 숙이다
低着头 dī zhe tóu 머리(고개)를 숙인 채 ｜ 或者 huòzhě 젭 ~(이)거나, ~든지
休闲 xiūxián 몡 휴식, 오락 / 동 한가하게 지내다, 레저활동을 하다
离不开 lí bu kāi 떨어질 수 없다, 떼어놓을 수 없다 ｜ 可 kě 튀 강조를 나타냄 ｜ 症状 zhèngzhuàng 몡 증상, 병세
更加 gèngjiā 튀 더, 더욱 더 ｜ 严重 yánzhòng 혱 심각하다 ｜ 尽量 jǐnliàng 튀 가능한 한, 되도록
伸展 shēnzhǎn 동 뻗다, 늘리다 ｜ 伸展运动 shēnzhǎn yùndòng 몡 스트레칭

주어진 문형을 이용하여 다양한 표현을 만들어 보세요.

🔊 14-08

1 我的工作和休闲都离不开手机。
Wǒ de gōngzuò hé xiūxián dōu lí bu kāi shǒujī.

저의 일과 휴식 모두 휴대폰과 떼어놓을 수 없어요.

我的生活
Wǒ de shēnghuó

智能手机
zhìnéng shǒujī

제 생활은 스마트폰과 떼어놓을 수 없어요.

所有的成功
Suǒyǒu de chénggōng

汗水
hànshuǐ

모든 성공은 땀과 떼어놓을 수 없어요.

女人
Nǚrén

化妆品和香水
huàzhuāngpǐn hé xiāngshuǐ

여자는 화장품, 향수와 떼어놓을 수 없어요.

2 这样下去你的症状会更加严重。
Zhè yàng xià qu nǐ de zhèngzhuàng huì gèngjiā yánzhòng.

이렇게 가다간 당신의 증상은 더 심각해질 거예요.

你会考不上大学
nǐ huì kǎo bu shàng dàxué

이렇게 가다간 당신은 대학에 못 붙을 거예요.

咱们早晚会关门
zánmen zǎowǎn huì guān mén

이렇게 가다간 우리는 조만간 문 닫을 거예요.

你会找不到工作
nǐ huì zhǎo bu dào gōngzuò

이렇게 가다간 당신은 취업을 못 할 거예요.

她会离开你
tā huì líkāi nǐ

이렇게 가다간 그녀는 당신을 떠날 거예요.

🔊 14-07

단 어

智能手机 zhìnéng shǒujī 명 스마트폰 | 所有 suǒyǒu 형 모든, 전부의
成功 chénggōng 명 성공 / 동 성공하다 | 汗水 hànshuǐ 명 땀　　　　化妆品 huàzhuāngpǐn 명 화장품
香水 xiāngshuǐ 명 향수 | 早晚 zǎowǎn 부 조만간, 결국에는
关门 guān mén 동 문을 닫다, 폐업하다

같은 상황에서 쓸 수 있는 다양한 표현을 읽어 보세요.

🔊 14-10

증상 설명

A₁ 从昨天起，肚子一直不舒服。
Cóng zuótiān qǐ, dùzi yìzhí bù shūfu.

어제부터, 배가 계속 불편해요.

A₂ 从早上起，牙一直疼。
Cóng zǎoshang qǐ, yá yìzhí téng.

아침부터, 이가 계속 아파요.

A₃ 我的眼睛一直充血，不知道为什么。
Wǒ de yǎnjing yìzhí chōng xiě, bù zhīdào wèishénme.

제 눈이 계속 충혈되어 있는데, 왜 그런지 모르겠어요.

B 快去医院看看吧。
kuài qù yīyuàn kàn kan ba.

빨리 병원에 가서 진찰 받아봐요.

🔊 14-11

PLUS TIP ➕ 병원 진료과의 명칭을 중국어로 알아봅시다!

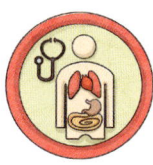
内科
nèikē
내과

外科
wàikē
외과

眼科
yǎnkē
안과

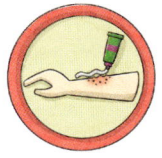
皮肤科
pífūkē
피부과

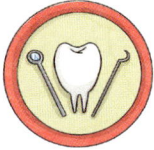
牙科
yákē
치과

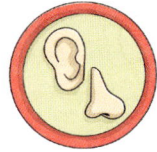
耳鼻喉科
ěrbíhóukē
이비인후과

단 어

🔊 14-09

从A起 cóng A qǐ A부터 시작하여 ｜ 牙 yá 명 치아, 이 ｜ 充血 chōng xiě 통 충혈되다

다음 그림을 보고 그림의 순서대로 이야기를 만들어 보세요.

14-12

[脖子]

[去医院]

[脊椎变形]

[拍个片子]

[伸展运动/游泳]

다음 질문에 대해 자신의 상황에 맞춰 중국어로 대답해 보세요.

1 你一年去几次医院? 主要的原因是什么?

2 你怎么看待整容手术?

3 你现在有不舒服的地方吗? 为什么?

참고단어

体检
tǐjiǎn
건강검진

头疼
tóu téng
두통

鼻炎
bíyán
비염

感冒
gǎnmào
감기

失眠
shī mián
잠을 이루지 못하다,
불면증에 걸리다

自信
zìxìn
자신감

副作用
fù zuòyòng
부작용

内在
nèizài
내적인

皮炎
píyán
아토피

外在
wàizài
외적인

压力
yālì
스트레스

睡眠不足
shuìmián bùzú
수면부족

食欲不振
shíyù búzhèn
식욕부진

녹음을 듣고 어조에 주의하여 큰 소리로 읽어 보세요.

14-13

1
我下周要去旅行, 想请你帮我照顾我的小狗。
다음 주에 여행가려고 하는데, 제 강아지 좀 돌봐달라고 부탁 드리고 싶어요.

2
它的 "一天三餐" 不能是同样的食物。
하루 세끼 같은 음식을 주시면 안돼요.

3
上午十点、下午四点还要给它喂零食。
오전 10시, 오후 4시에 그것(강아지)에게 간식을 주세요.

4
每天早晚都要陪它散步。
매일 아침 저녁 산책을 시켜주세요.

5
晚上它要听着音乐才能睡觉。
저녁에는 음악을 들어야 잠을 자요.

6
最近脖子疼得要命, 有时候还头晕。
요즘 목이 너무 아프고, 어떨 때는 머리까지 어지러워요.

7
你的脊椎有点变形, 你是不是经常低着头工作或者看手机?
척추가 약간 변형되었어요, 항상 고개를 숙이고 일을 하거나 휴대폰을 보는 것 아니에요?

8
我的工作和休闲都离不开智能手机。
제 업무나 여가는 모두 스마트폰과 떼어놓을 수 없어요.

9
从昨天起, 肚子一直不舒服。
어제부터, 배가 계속 불편해요.

10
快去医院看看吧。
빨리 병원에 가서 진찰 받아요.

발 마사지 또는 전신 마사지는 이미 대중화된 중국 여행 상품이 되었어요. 우리에게 익숙한 발 마사지 뿐만 아니라 중국에는 중의학을 기반으로 한 여러 마사지 요법이 있는데요, 구체적으로 어떤 것들이 있는지 알아볼까요?

全身推拿 quán shēn tuī ná | 전신 추나

대표적인 지압 요법으로 중국에서는 전신뿐만 아니라 머리, 어깨, 허리 등 자신이 원하는 부위만 집중적으로 마사지를 받을 수도 있어요. 마사지를 받을 때 좀 더 강한 지압을 원하면 重一点![zhòng yì diǎn]이라고 말하면 되고, 가벼운 지압을 원하면 轻一点![qīng yì diǎn]이라고 말하면 돼요. 중국에서 한번 사용해 보세요.

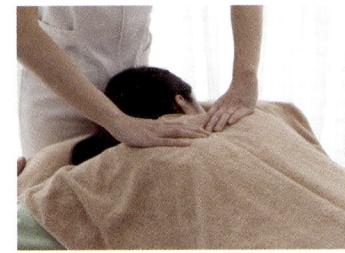

刮痧 guā shā | 과샤

중의학을 기반으로 한 민간요법 중의 하나로 동전, 숟가락, 사발 등에 기름을 묻혀 목, 가슴, 등과 같은 신체 부위를 긁어 몸속 염증을 없애주는 요법이에요.

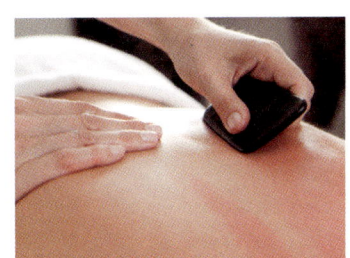

足疗 zú liáo | 발 마사지

우리에게 익숙한 발 마사지는 먼저 따뜻한 물에 약재를 넣은 족욕 통에 발을 담근 후 마사지를 받는 것이에요. 발 마사지를 받으면 여행 중 쌓였던 피로가 한 번에 풀릴 수 있으니, 중국 여행을 할 때는 꼭 한번 받아보세요.

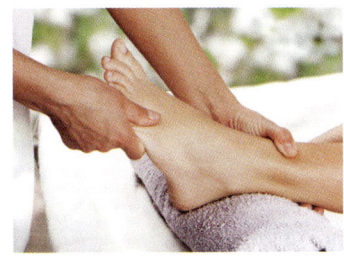

샐러리맨의 비애

베이징(北京) 만리장성(万里长城)

포인트
알아보기

老是一到下班时间就开会。

Lǎoshì yí dào xià bān shíjiān jiù kāi huì.

항상 퇴근 시간만 되면 회의를 해요.

미나의 직장동료 링링과 왕밍. 가정과 직장 생활 둘 다 잘해내고 있기 때문에 신입사원인 미나의 롤모델이기도 합니다. 그런데 최근 중요한 프로젝트 때문에 야근이 잦아서 서로 불만을 토로하고 있어요. 이를 지켜보는 미나. 결혼 생각이 저 멀리 달아나고 있는 건 아닐지…

玲玲 Línglíng
最近工作太多了, 压力真大呀!
Zuìjìn gōngzuò tài duō le, yālì zhēn dà ya!

王明 Wáng míng
我也这么觉得，老是一到下班时间就开会。
Wǒ yě zhème juéde, lǎoshì yí dào xià bān shíjiān jiù kāi huì.

玲玲 Línglíng
就是啊! 真烦, 好几天没有跟家人一起吃晚饭了。
Jiùshì a!　Zhēn fán, hǎo jǐ tiān méiyǒu gēn jiārén yìqǐ chī wǎnfàn le.

王明 Wáng míng
谁说不是，我儿子刚两岁，我现在每天早出晚归，
Shéi shuō bú shì, wǒ érzi gāng liǎng suì, wǒ xiànzài měitiān zǎo chū wǎn guī,

他都快不认识我了。
tā dōu kuài bú rènshi wǒ le.

玲玲 Línglíng
我爱人最近也总是抱怨,说我回家太晚，导致我们经常吵架。
Wǒ àiren zuìjìn yě zǒngshì bàoyuàn, shuō wǒ huí jiā tài wǎn, dǎozhì wǒmen jīngcháng chǎo jià.

王明 Wáng míng
兼顾家庭和事业真不容易啊!
Jiān gù jiātíng hé shìyè zhēn bù róngyì a!

다음 대화를 큰 소리로 읽어 보세요.

🎧 15-04

玲玲　最近工作太多了, 压力真大呀!
　　　Zuìjìn gōngzuò tài duō le, yālì zhēn dà ya!

王明　我也这么觉得, 老是一到下班时间就开会。
　　　Wǒ yě zhème juéde, lǎoshì yí dào xià bān shíjiān jiù kāi huì.

> '그러게 말이야!'라는 뜻으로 상대방의 말에 동의하는 어감이에요.

玲玲　就是啊! 真烦, 好几天没有跟家人一起吃晚饭了。
　　　Jiùshì a!　Zhēn fán, hǎo jǐ tiān méiyǒu gēn jiārén yìqǐ chī wǎnfàn le.

一到下班时间就开会。 : 퇴근 시간만 되면 회의를 해요.

一A就B는 'A하자마자 곧 B하다'라는 뜻의 고정격식입니다.

예

他一下班就回家了。　　　　　　그는 퇴근하자마자 집에 갔어요.
Tā yí xià bān jiù huí jiā le.

我不会喝酒, 一喝脸就红。　　　저는 술을 잘 못 마셔요, 마시자마자 바로 얼굴이 붉어져요.
Wǒ bú huì hē jiǔ, yì hē liǎn jiù hóng.

🎧 15-03

단 어

压力 yālì 몡 스트레스, 압력　│　老是 lǎoshì 튀 언제나, 늘　│　一A就B yī A jiù B A하자마자 바로 B하다
烦 fán 쥉 번거롭다, 짜증스럽다

다음 대화를 큰 소리로 읽어 보세요.

🎧 15-06

'누가 아니래'라는 뜻으로 상대방의 말에 동의할 때 쓸 수 있는 반어적 표현이에요.

王明 **谁说不是**，我儿子刚两岁，我现在每天早出晚归，
Shéi shuō bú shì, wǒ érzi gāng liǎng suì, wǒ xiànzài měitiān zǎo chū wǎn guī,

他都快不认识我了。
tā dōu kuài bú rènshi wǒ le.

玲玲 我爱人最近也总是抱怨，说我回家太晚，
Wǒ àiren zuìjìn yě zǒngshì bàoyuàn, shuō wǒ huí jiā tài wǎn,

导致我们经常吵架。
dǎozhì wǒmen jīngcháng chǎo jià.

王明 兼顾家庭和事业真不容易啊!
Jiān gù jiātíng hé shìyè zhēn bù róngyì a!

我回家太晚，**导致**我们经常吵架。 : 집에 너무 늦게 와서, 자주 싸우게 **돼요**.

导致는 '(어떤 사태를) 야기하다, 초래하다'라는 뜻으로 뒤에는 항상 부정적인 결과가 옵니다.

예

抽了十年烟导致他患上肺癌。　　10년 동안의 흡연이 폐암을 야기시켰어요.
Chōu le shí nián yān dǎozhì tā huàn shàng fèi'ái.

早上堵车堵得厉害，导致他迟到了。　　출근할 때 길이 막혀서, 그는 지각했어요.
Zǎoshang dǔ chē dǔ de lìhai, dǎozhì tā chídào le.

* 患上[huàn shàng] (질병에) 걸리다　* 肺癌[fèi'ái] 폐암

🎧 15-05

단어

刚 gāng 🟩 막, 방금, 겨우 | 早出晚归 zǎo chū wǎn guī 🟧 아침 일찍 나가서 밤늦게 돌아오다
总是 zǒngshì 🟩 언제나, 늘 | 抱怨 bàoyuàn 🟥 원망하다 　导致 dǎozhì 🟥 야기하다, 초래하다
吵架 chǎo jià 🟥 말다툼하다, 싸우다 | 兼顾 jiān gù 🟥 동시에 돌보다, 아울러 고려하다
家庭 jiātíng 🟦 가정 | 事业 shìyè 🟦 사업, 일

주어진 문형을 이용하여 다양한 표현을 만들어 보세요.

🎧 15-08

1 我们一到下班时间就开会。 우리는 퇴근 시간만 되면 회의를 해요.
Wǒmen yí dào xià bān shíjiān jiù kāi huì.

| 他 | 毕业 | 去中国留学了 | 그는 졸업하자마자 중국으로 유학갔어요. |
| Tā | bìyè | qù Zhōngguó liú xué le | |

| 我 | 紧张 | 头疼 | 저는 긴장만 하면 머리가 아파요. |
| Wǒ | jǐnzhāng | tóu téng | |

| 我爸爸 | 看 | 知道 | 우리 아빠는 한 번 보기만 해도 알아요. |
| Wǒ bàba | kàn | zhīdao | |

2 好几天没有跟家人一起吃晚饭了。 오랫동안 가족과 저녁을 먹지 못했어요.
Hǎo jǐ tiān méiyǒu gēn jiārén yìqǐ chī wǎnfàn le.

跟男朋友见面　　　　　오랫동안 남자친구와 만나지 못했어요.
gēn nán péngyou jiàn miàn

给妈妈打个电话　　　　오랫동안 엄마한테 전화를 못했어요.
gěi māma dǎ ge diànhuà

去健身房锻炼身体　　　오랫동안 헬스클럽에 가서 운동을 못했어요.
qù jiànshēnfáng duànliàn shēntǐ

陪孩子玩儿　　　　　　오랫동안 아이와 놀아주지 못했어요.
péi háizi wánr

🎧 15-07

단 어

留学 liú xué 명 유학 / 동 유학하다 ｜ 紧张 jǐnzhāng 형 긴장하다 ｜ 见面 jiàn miàn 동 만나다, 대면하다
锻炼 duànliàn 동 단련하다, 운동하다

같은 상황에서 쓸 수 있는 다양한 표현을 읽어 보세요.

15-10

근무 상황

Q 你还在韩国银行工作吗?
Nǐ hái zài Hánguó yínháng gōngzuò ma?

아직 한국은행에서 일해요?

A1 是的，不久前升为科长了。
Shì de, bù jiǔ qián shēng wéi kēzhǎng le.

네, 얼마 전에 과장으로 승진했어요.

A2 我已经跳槽到别的公司了。
Wǒ yǐjing tiào cáo dào biéde gōngsī le.

저는 이미 다른 회사로 이직했어요.

A3 是的，不过我正在休产假。
Shì de, búguò wǒ zhèngzài xiū chǎnjià.

네, 그런데 저는 지금 출산휴가 중이에요.

15-09

단 어

不久前 bù jiǔ qián 얼마 전 │ **升为** shēng wéi ～로 올라서다, ～로 승급하다, 승진하다
科长 kēzhǎng 명 과장 │ **跳槽** tiào cáo 동 직업을 바꾸다, 다른 부서로 옮기다 │ **休** xiū 동 휴식하다, 쉬다
产假 chǎnjià 명 출산휴가

다음 그림을 보고 그림의 순서대로 이야기를 만들어 보세요.

🎧 15-11

[压力]

[加班]

[不认识]

[好几天]

[吵架]

[兼顾]

다음 질문에 대해 자신의 상황에 맞춰 중국어로 대답해 보세요.

1 请简单介绍一下你的工作环境。

2 你认为女人结婚后也要工作吗?

3 你觉得家庭重要还是工作重要? 为什么?

참고단어

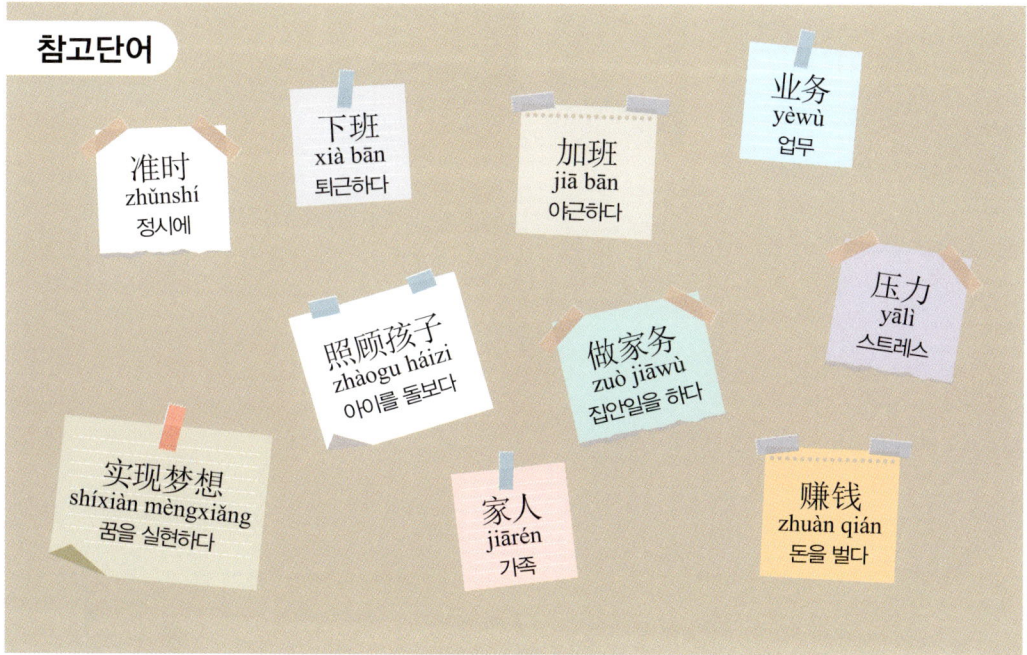

业务
yèwù
업무

下班
xià bān
퇴근하다

加班
jiā bān
야근하다

准时
zhǔnshí
정시에

压力
yāli
스트레스

照顾孩子
zhàogu háizi
아이를 돌보다

做家务
zuò jiāwù
집안일을 하다

实现梦想
shíxiàn mèngxiǎng
꿈을 실현하다

家人
jiārén
가족

赚钱
zhuàn qián
돈을 벌다

직장상사 스트레스!
피할 수 없다면 즐겨라!

윈난성(云南省) 원통사(圆通寺)

포인트
알아보기

🔊 16-01

李经理翻脸比翻书还快，动不动就生气。

Lǐ jīnglǐ fān liǎn bǐ fān shū hái kuài, dòng bu dòng jiù shēng qì.

이 매니저는 변덕이 아주 심하고, 툭하면 화를 내요.

스토리를 생각하며 잘 듣고 따라 해 보세요.

🎧 16-02

미나의 직장동료 왕밍이 직장 상사 스트레스 때문에 오늘은 좀 힘든가 봅니다. 직장인이라면
누구나 공감할 수 있는 직장 상사 스트레스. 과연 왕밍은 슬기롭게 대처할 수 있을까요?

王明
Wáng míng
哎呀，这个公司真是待不下去了！
Āiya, zhè ge gōngsī zhēn shì dāi bu xià qu le!

美娜
Měinà
今天又发生什么事儿了？
Jīntiān yòu fāshēng shénme shìr le?

王明
Wáng míng
李经理翻脸比翻书还快，动不动就生气。
Lǐ jīnglǐ fān liǎn bǐ fān shū hái kuài, dòng bu dòng jiù shēng qì.

美娜
Měinà
消消气吧，他是你的上司，你就多忍一忍吧。
Xiāo xiao qì ba, tā shì nǐ de shàngsī, nǐ jiù duō rěn yi rěn ba.

王明
Wáng míng
我还能怎么样？我也只不过是说说罢了。
Wǒ hái néng zěnmeyàng? Wǒ yě zhǐ bú guò shì shuō shuo bà le.

美娜
Měinà
哎呀，职场生活本来就是要忍气吞声的。
Āiya, zhíchǎng shēnghuó běnlái jiùshì yào rěn qì tūn shēng de.

다음 대화를 큰 소리로 읽어 보세요.

16-04

王明 哎呀, 这个公司真是待不下去了!
Āiya,　zhè ge gōngsī zhēn shì dāi bu xià qu le!

美娜 今天又发生什么事儿了?
Jīntiān yòu fāshēng shénme shìr le?

> 직역을 하면 '안면을 바꾸는 속도가 책장을 넘기는 속도보다 빠르다'라는 뜻으로
> 변덕이 아주 심함을 나타낼 때 쓸 수 있는 표현이에요.

王明 李经理翻脸比翻书还快, 动不动就生气。
Lǐ jīnglǐ fān liǎn bǐ fān shū hái kuài, dòng bu dòng jiù shēng qì.

动不动就生气。 : 툭하면 화를 내요.

动不动은 '걸핏하면, 툭하면'의 뜻으로 뒤에는 주로 就를 동반합니다.

예

他们两个人动不动就打架。　　저 두 사람은 툭하면 싸워요.
Tāmen liǎng ge rén dòng bu dòng jiù dǎ jià.

一到冬天, 我动不动就感冒。　　겨울만 되면, 저는 걸핏하면 감기에 걸려요.
Yí dào dōngtiān, wǒ dòng bu dòng jiù gǎnmào.

* 打架[dǎ jià] 싸우다

16-03

단 어

待 dāi 통 머무르다, 체류하다	又 yòu 부 또, 다시	发生 fāshēng 통 생기다, 발생하다
经理 jīnglǐ 명 매니저, 책임자, 지배인	翻 fān 통 뒤집다, 바꾸다, 번복하다	翻脸 fān liǎn 통 안면을 바꾸다
翻书 fān shū 통 책장을 넘기다	动不动 dòng bu dòng 걸핏하면, 툭하면	生气 shēng qì 통 화내다

다음 대화를 큰 소리로 읽어 보세요.

🔴 16-06

美娜　消消气吧，他是你的上司，你就多忍一忍吧。
　　　Xiāo xiao qì ba, tā shì nǐ de shàngsī, nǐ jiù duō rěn yi rěn ba.

'내가 어쩌겠어, 내가 무엇을 할 수 있겠어'라는 의미의 관용구예요.

王明　我还能怎么样？我也只不过是说说罢了。
　　　Wǒ hái néng zěnmeyàng? Wǒ yě zhǐ bú guò shì shuō shuo bà le.

美娜　哎呀，职场生活本来就是要忍气吞声的。
　　　Āiya,　zhíchǎng shēnghuó běnlái jiùshì yào rěn qì tūn shēng de.

我也只不过是说说罢了。　：　나도 단지 말해본 것뿐이야.

只不过是A罢了 는 '단지 A일 뿐이다'라는 고정격식으로 罢了 대신 而已[éryǐ]를 써도 됩니다.

예

这只不过是我的想像罢了。
Zhè zhǐ bú guò shì wǒ de xiǎngxiàng bà le.

이건 단지 내 상상일 뿐이야.

没什么大事，只不过是有点儿不舒服而已。
Méi shénme dà shì, zhǐ bú guò shì yǒudiǎnr bù shūfu éryǐ.

큰 일 아니에요,
단지 (몸이) 좀 불편한 것뿐이에요.

* 想像[xiǎngxiàng] 상상, 상상하다　* 大事[dà shì] 큰 일

단 어　🔴 16-05

消 xiāo 통 사라지다, 없어지다 ┃ 消气 xiāo qì 통 화를 풀다(삭이다) ┃ 上司 shàngsī 명 상사
忍 rěn 통 참다, 견디다 ┃ 只不过是A罢了 zhǐ bú guò shì A bà le 단지 A일 뿐이다
罢 bà 조 서술문 끝에 쓰여 '~일 뿐이다'의 뜻을 나타냄 ┃ 职场 zhíchǎng 명 직장
本来 běnlái 부 본래, 원래 ┃ 忍气吞声 rěn qì tūn shēng 성 화를 꾹 참고, 아무 말도 못하다

주어진 문형을 이용하여 다양한 표현을 만들어 보세요.

🔵 16-08

1 他动不动就生气。
Tā dòng bu dòng jiù shēng qì.

그는 툭하면 화를 내요.

| 王经理 | 发脾气 | 왕 매니저는 툭하면 성질을 부려요 |
| Wáng jīnglǐ | fā píqi | |

| 我弟弟 | 流鼻血 | 제 남동생은 툭하면 코피를 흘려요. |
| Wǒ dìdi | liú bíxiě | |

| 这个孩子 | 说谎话 | 이 아이는 툭하면 거짓말을 해요. |
| Zhè ge háizi | shuō huǎnghuà | |

| 我爱人 | 发牢骚 | 제 아내는 툭하면 불평을 늘어놓아요 |
| Wǒ àiren | fā láosao | |

2 我还能怎么样? 只不过是说说罢了。
Wǒ hái néng zěnmeyàng? zhǐ bú guò shì shuō shuo bà le.

내가 무엇을 할 수 있겠어? 그냥 말해본 것뿐이야.

| 不要那么伤心, | 一次考试 | 그렇게 상심하지마, 단지 (한 번의) 시험일 뿐이야. |
| Bú yào nàme shāng xīn, | yí cì kǎoshì | |

| 不要太在意他的话, | 个玩笑 | 그가 한 말 너무 신경 쓰지 마, 그냥 농담일 뿐이야. |
| Bú yào tài zàiyì tā shuō de huà, | ge wánxiào | |

| 我早就到了, | 没联系你 | 저는 벌써 도착했어요. 단지 연락을 안 한 것뿐이에요. |
| Wǒ zǎojiù dào le, | méi liánxì nǐ | |

🔵 16-07

단어

脾气 píqi 명 성격, 성질 | 发脾气 fā píqi 성질을 부리다 | 谎话 huǎnghuà 명 거짓말
牢骚 láosao 명 불평, 불만 / 통 넋두리하다, 푸념하다 | 发牢骚 fā láosao 통 불평하다, 투덜거리다
在意 zàiyì 통 마음에 두다, 신경 쓰다 | 早就 zǎojiù 부 일찌감치, 벌써

같은 상황에서 쓸 수 있는 다양한 표현을 읽어 보세요.

🔊 16-10

직장 상사

Q 你觉得你的上司怎么样?
Nǐ juéde nǐ de shàngsī zěnmeyàng?

당신 회사의 직장 상사는 어때요?

A1 他眼疾手快。
Tā yǎn jí shǒu kuài.

그는 눈치가 빠르고 일 처리 속도도 빨라요.

A2 他刚从别的部门调过来，我还不太清楚。
Tā gāng cóng biéde bùmén diào guò lai, wǒ hái bú tài qīngchu.

다른 부서에서 이동해 온 지 얼마 안되어서, 저도 잘 모르겠어요.

A3 他不仅非常能干，而且也很谦虚。
Tā bùjǐn fēicháng nénggàn, érqiě yě hěn qiānxū.

그는 매우 능력 있을 뿐만 아니라, 겸손해요.

🔊 16-09

단 어

眼疾手快 yǎn jí shǒu kuài 눈썰미가 있고 동작이 신속하다 | **部门** bùmén 명 부서
调 diào 동 파견하다. 옮기다 | **谦虚** qiānxū 형 겸손하다

다음 그림을 보고 그림의 순서대로 이야기를 만들어 보세요.

16-11

[叹气]

[动不动就发脾气]

[喝一杯]

[忍一忍]

[老地方]

* 叹气[tàn qì] 탄식하다, 한숨짓다　* 老地方[lǎo dìfang] 늘 만나던 장소

다음 질문에 대해 자신의 상황에 맞춰 중국어로 대답해 보세요.

1 你在公司最苦恼的事情是什么？

2 你觉得你的上司或者下属怎么样？

3 你在现在的公司工作几年了？你想过跳槽吗？

참고단어

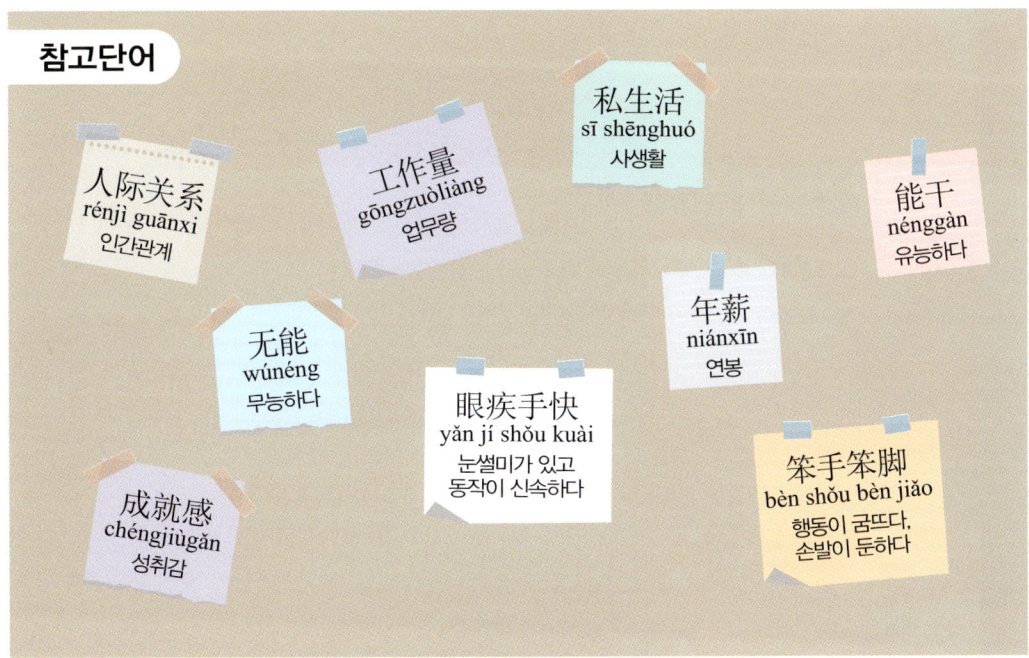

人际关系
rénjì guānxi
인간관계

工作量
gōngzuòliàng
업무량

私生活
sī shēnghuó
사생활

能干
nénggàn
유능하다

无能
wúnéng
무능하다

年薪
niánxīn
연봉

眼疾手快
yǎn jí shǒu kuài
눈썰미가 있고
동작이 신속하다

笨手笨脚
bèn shǒu bèn jiǎo
행동이 굼뜨다,
손발이 둔하다

成就感
chéngjiùgǎn
성취감

녹음을 듣고 어조에 주의하여 큰 소리로 읽어 보세요.

💿 16-12

1 🎤 最近工作太多了, 压力真大呀!
요즘 일이 너무 많아서, 스트레스가 심해!

2 🎤 我也那么觉得, 老是一到下班时间就开会。
나도 그렇게 생각해, 항상 퇴근 시간만 되면 회의를 해.

3 🎤 兼顾家庭和事业真不容易啊!
가성과 일을 고루 돌보는 것은 정말 쉽지 않구나!

4 🎤 好几天没有跟家人一起吃晚饭了。
오랫동안 가족과 함께 저녁을 먹지 못했어.

5 🎤 我已经跳槽到别的公司了。
나는 이미 다른 회사로 이직했어.

6 🎤 这个公司真是待不下去了!
이 회사에서 더는 못 있겠다!

7 🎤 今天又发生什么事儿了?
오늘 또 무슨 일이 있었니?

8 🎤 我还能怎么样? 我也只不过是说说罢了。
내가 어떻게 할 수 있겠어? 그냥 말해본 것뿐이야.

9 🎤 他眼疾手快。
그는 눈치가 빠르고 일 처리 속도도 빨라요.

10 🎤 他不仅非常能干, 而且也很谦虚。
그는 매우 능력 있을 뿐만 아니라, 겸손해요.

중국문화 산책하기

중국업체와 비즈니스를 하다 보면 중국인들이 자주 쓰는 관용적인 표현들이 있는데요,

비즈니스를 할 때 알고 있으면 도움이 되는 관용적인 표현을 알아봅시다.

先交朋友，再做生意。
Xiān jiāo péngyou, zài zuò shēngyi.

먼저 친구가 되고, 그 다음에 사업을 한다.

사업에도 믿음과 신뢰가 중요하다는 점을 의미하는 표현으로, 먼저 좋은 관계를 형성한 후에 사업을 해야 그 사업도 성공할 수 있다는 믿음에서 나온 말이에요.

商场如战场，竞争如战争。
Shāngchǎng rú zhànchǎng, jìngzhēng rú zhànzhēng.

상업계는 전쟁터와 같고, 경쟁은 전쟁과 같다.

업체들 간의 경쟁이 극심한 시장을 형용한 표현이에요. 어떤 사업을 하든 동종 업체와의 선의의 경쟁은 꼭 필요하겠죠!

做人讲人格，买卖讲道德。
Zuò rén jiǎng réngé, mǎimai jiǎng dàodé.

사람은 인격이 중요하고, 비즈니스는 (상)도덕이 중요하다.

사람과의 관계에서 개인의 인격이 중요한 것처럼 비즈니스를 할 때도 지켜야 하는 상도가 있음을 강조하는 표현이에요.

회사에서는 무조건 일을 잘해야…

시장(西藏) 포달랍궁(布達拉宮)

포인트
알아보기

17-01

你呀，怎么这几天老是丢三落四的，
Nǐ ya, zěnme zhè jǐ tiān lǎoshì diū sān là sì de,

打起精神来好不好？
dǎ qǐ jīngshen lai hǎo bu hǎo?

당신도 참, 왜 요 며칠 항상 이것 저것 빠뜨려요, 정신 좀 차리는 게 어때요?

중국에서 일하는 것이 아직도 적응이 안 된 걸까요? 미나가 오늘은 지각에 서류분실까지 정신이 하나도 없어 보이네요. 매번 미나의 이런 실수에 눈 감아주던 링링. 오늘은 직장 상사로서 미나에게 한마디 합니다. 때로는 상사의 직언이 약이 될 수도 있겠죠?

玲玲
Lingling
你怎么才来?
Nǐ zěnme cái lái?

美娜
Měinà
对不起,路上堵车堵得很厉害。
Duìbuqǐ, lù shàng dǔ chē dǔ de hěn lìhai.

玲玲
Lingling
先别解释,合同书都准备好了吗?
Xiān bié jiěshì, hétongshū dōu zhǔnbèi hǎo le ma?

美娜
Měinà
我已经准备好了,请稍等。
Wǒ yǐjing zhǔnbèi hǎo le, qǐng shāo děng.

(美娜正在找合同书)
(Měinà zhèngzài zhǎo hétongshū)

玲玲
Lingling
你动作怎么这么慢!到底要等多长时间啊!
Nǐ dòngzuò zěnme zhème màn! Dàodǐ yào děng duōcháng shíjiān a!

美娜
Měinà
我昨天明明把合同书放在桌子上,
Wǒ zuótiān míngmíng bǎ hétongshū fàng zài zhuōzi shàng,

今天却不见了。
jīntiān què bú jiàn le.

玲玲
Lingling
你呀,怎么这几天老是丢三落四的,打起精神来好不好?
Nǐ ya, zěnme zhè jǐ tiān lǎoshì diū sān là sì de, dǎ qǐ jīngshen lai hǎo bu hǎo?

美娜
Měinà
不好意思,我赶紧再准备一份。
Bù hǎo yìsi, wǒ gǎnjǐn zài zhǔnbèi yí fèn.

다음 대화를 큰 소리로 읽어 보세요.

 17-04

'왜 이제서야 와요?'라는 뜻으로 상대방이 늦게 왔을 때 쓸 수 있는 관용적인 표현이에요.

玲玲　你怎么才来?
　　　Nǐ zěnme cái lái?

美娜　对不起, 路上堵车堵得很厉害。
　　　Duìbuqǐ,　lù shàng dǔ chē dǔ de hěn lìhai.

玲玲　先别解释, 合同书都准备好了吗?
　　　Xiān bié jiěshì, hétongshū dōu zhǔnbèi hǎo le ma?

美娜　我已经准备好了, 请稍等。
　　　Wǒ yǐjing zhǔnbèi hǎo le, qǐng shāo děng.

　　　(美娜正在找合同书)
　　　(Měinà zhèngzài zhǎo hétongshū)

玲玲　你动作怎么这么慢! 到底要等多长时间啊!
　　　Nǐ dòngzuò zěnme zhème màn! Dàodǐ yào děng duōcháng shíjiān a!

到底要等多长时间啊!　　:　**도대체** 얼마나 기다려야 하는 거야!

到底는 '도대체'라는 뜻으로 항상 의문문과 같이 쓰입니다.

예

你到底在哪儿?　　　　　　당신은 도대체 어디에 있어요?
Nǐ dàodǐ zài nǎr?

他到底去不去北京?　　　　그는 도대체 베이징에 가요 안가요?
Tā dàodǐ qù bu qù Běijīng?

🎧 17-03

단 어

堵 dǔ 통 막히다 ┃ 堵车 dǔ chē 통 차가 막히다 ┃ 解释 jiěshì 통 설명하다, 해명하다
合同书 hétongshū 명 계약서 ┃ 稍 shāo 부 약간, 잠시 ┃ 动作 dòngzuò 명 행동, 동작
到底 dàodǐ 부 도대체

다음 대화를 큰 소리로 읽어 보세요.

🎧 17-06

美娜 我昨天明明把合同书放在桌子上，今天却不见了。
Wǒ zuótiān míngmíng bǎ hétongshū fàng zài zhuōzi shàng, jīntiān què bú jiàn le.

> 직역하면 '세 개는 잃어버리고, 네 개는 빠뜨리다'는 의미로
> '덤벙대다, 꼼꼼하지 못하다'라는 의미의 성어예요.

玲玲 你呀，怎么这几天老是 丢三落四 的，打起精神来好不好？
Nǐ ya, zěnme zhè jǐ tiān lǎoshì diū sān là sì de, dǎ qǐ jīngshen lai hǎo bu hǎo?

美娜 不好意思，我赶紧再准备一份。
Bù hǎo yìsi, wǒ gǎnjǐn zài zhǔnbèi yí fèn.

打起精神(来)好不好? : 정신 좀 차릴 수 없어요?

打起精神(来)는 '정신(기운)을 차리다'라는 뜻으로 뒤에 붙는 来는 생략 가능합니다.

예

你打起精神重新开始吧。 당신 정신 차리고 처음부터 다시 시작하세요.
Nǐ dǎ qǐ jīngshen chóngxīn kāishǐ ba.

你打起精神(来)工作吧。 당신 정신 차리고 일해요.
Nǐ dǎ qǐ jīngshen (lai) gōngzuò ba.

* 重新[chóngxīn] 새로이, 다시

단어 🎧 17-05

明明 míngmíng 🔵 분명히, 명백히 | **却** què 🔵 오히려, 도리어
丢三落四 diū sān là sì 🔵 덤벙대다, 꼼꼼하지 못하다 | **打起(来)** dǎ qǐ (lai) 🔵 (기운을) 차리다, 분기하다
精神 jīngshen 🔵 정신, 의식 | **赶紧** gǎnjǐn 🔵 서둘러, 재빨리 | **份** fèn 🔵 문건, 신문 등을 세는 단위

주어진 문형을 이용하여 다양한 표현을 만들어 보세요.

🔊 17-08

1 到底要等多长时间啊!
Dàodǐ yào děng duōcháng shíjiān a!

도대체 얼마나 기다려야 하는 거야!

在说什么
zài shuō shénme

도대체 무슨 얘기를 하고 있는 거야!

怎么回事
zěnme huí shì

도대체 어떻게 된 일이야!

要解释多少遍
yào jiěshì duōshǎo biàn

도대체 몇 번을 설명해야 하는 거야!

什么时候能来
shénme shíhòu néng lái

도대체 언제 올 수 있는 거야!

2 怎么这几天老是丢三落四的?
Zěnme zhè jǐ tiān lǎoshì diū sān là sì de?

왜 요 며칠 늘 이것 저것 빠뜨리지?

不开心
bù kāi xīn

왜 요 며칠 늘 기분이 안 좋아?

早出晚归
zǎo chū wǎn guī

왜 요 며칠 늘 일찍 나갔다 늦게 돌아오지?

不努力学习
bù nǔlì xuéxí

왜 요 며칠 늘 열심히 공부하지 않지?

🔊 17-07

단 어

怎么回事 zěnme huí shì 어떻게 된 거지?

같은 상황에서 쓸 수 있는 다양한 표현을 읽어 보세요.

🎧 17-10

계약할 때

A₁ 等了一年终于和贵公司成功签约了。
Děng le yì nián zhōngyú hé guì gōngsī chénggōng qiānyuē le.

1년이나 기다린 끝에 드디어 귀사와 계약이 체결되었습니다.

A₂ 很荣幸成为贵公司的合作伙伴。
Hěn róngxìng chéngwéi guì gōngsī de hézuò huǒbàn.

귀사의 협력 파트너가 된 것을 매우 영광으로 생각합니다.

B 祝我们两家公司合作愉快!
Zhù wǒmen liǎng jiā gōngsī hézuò yúkuài!

우리 양사의 협력이 잘 되기를 바랍니다!

🎧 17-11

PLUS TIP ➕ **계약과 관련된 표현들을 알아봅시다!**

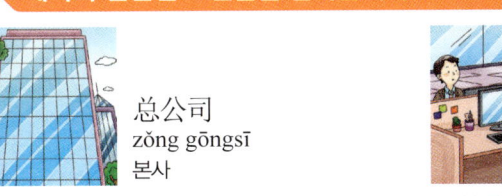

总公司
zǒng gōngsī
본사

分公司
fēn gōngsī
지사

客户
kèhù
바이어, 고객

洽谈
qiàtán
협의하다

🎧 17-09

단어

贵公司 guì gōngsī 명 귀사 | 签约 qiānyuē 동 (조약, 계약서) 등에 서명하다
荣幸 róngxìng 형 매우 영광스럽다 | 成为 chéngwéi 동 ~이 되다 | 伙伴 huǒbàn 명 파트너

다음 그림을 보고 그림의 순서대로 이야기를 만들어 보세요.

17-12

[堵车]

[合同书]

[找]

[放在桌子上]

[丢三落四]

[不舒服]

다음 질문에 대해 자신의 상황에 맞춰 중국어로 대답해 보세요.

1 你经常出差吗? 去过哪个国家?

2 你们公司经常聚餐吗? 你喜欢聚餐吗?

3 你和同事相处得怎么样?

* 聚餐[jùcān] 회식하다 * 相处[xiāngchǔ] 함께 지내다

참고단어

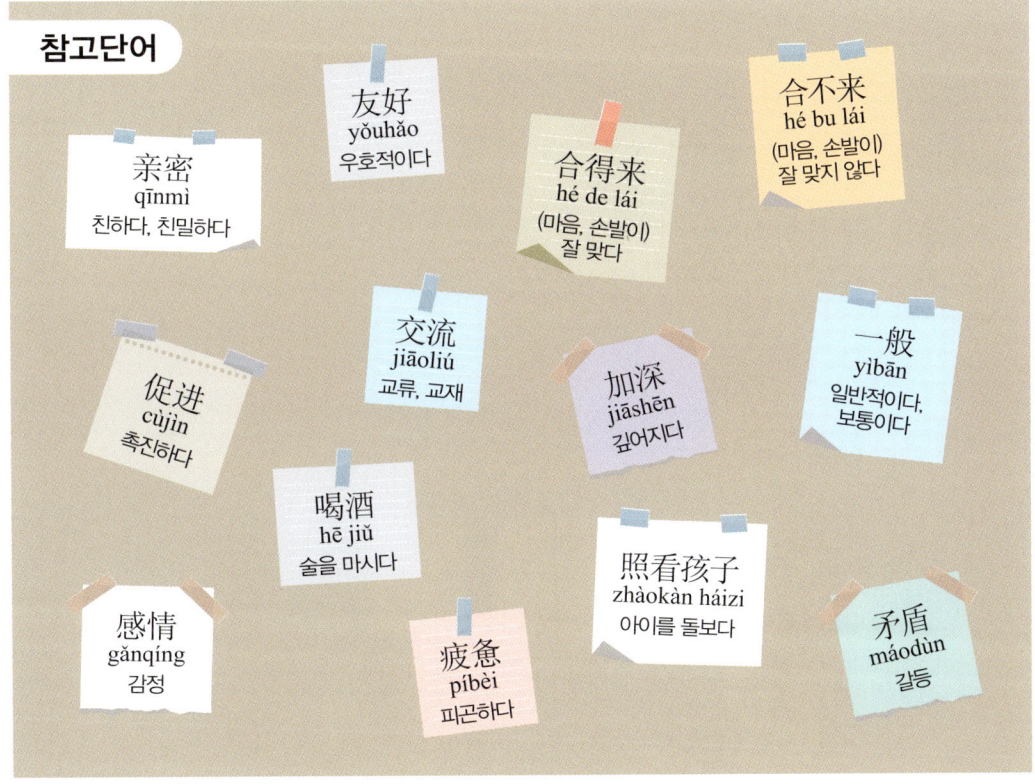

UNIT

18

고개 숙인 청년들! 조심하세요~

베이징(北京) 이화원(颐和园)

포인트
알아보기

🔊 18-01

收到短信也不能不看啊!
Shōu dào duǎnxìn yě bù néng bú kàn a!

메시지가 왔는데 안 볼 수가 없죠!

량량의 집. 집에 들어오는 아들의 발걸음이 이상한데요, 휴대폰을 보면서 길을 걷다가 넘어졌다고 합니다. 요즘 고개 숙여 휴대폰만 보다가 길에서 사고를 당하는 것이 중국에서도 큰 사회 문제가 되고 있다고 하는데요. 길에서는 되도록 휴대폰을 보지 않는 것이 좋겠죠.

亮亮
Liàngliang
儿子，你的腿怎么一瘸一拐的？
Érzi, nǐ de tuǐ zěnme yì qué yì guǎi de?

儿子
Érzi
刚才我边走路边看手机，不小心摔了一跤。
Gāngcái wǒ biān zǒu lù biān kàn shǒujī, bù xiǎoxīn shuāi le yì jiāo.

亮亮
Liàngliang
哎呀！我都说了多少次了？你们这些"低头族"就是不听。
Āiya! Wǒ dōu shuō le duōshǎo cì le? Nǐmen zhè xiē "dī tóu zú" jiùshì bù tīng.

儿子
Érzi
我也知道这样很危险，但是收到短信也不能不看啊！
Wǒ yě zhīdao zhè yàng hěn wēixiǎn, dànshì shōu dào duǎnxìn yě bù néng bú kàn a!

亮亮
Liàngliang
前两天我亲眼看到一个"低头族"被车撞了。
Qián liǎngtiān wǒ qīn yǎn kàn dào yí ge "dī tóu zú" bèi chē zhuàng le.

你这次还算比较幸运的。
Nǐ zhè cì hái suàn bǐjiào xìngyùn de.

儿子
Érzi
知道了，别担心，以后我会注意的。
Zhīdao le, bié dānxīn, yǐhòu wǒ huì zhùyì de.

다음 대화를 큰 소리로 읽어 보세요.

18-04

亮亮　儿子, 你的腿怎么一瘸一拐的?
　　　Érzi,　nǐ de tuǐ zěnme yì qué yì guǎi de?

儿子　刚才我边走路边看手机, 不小心摔了一跤。
　　　Gāngcái wǒ biān zǒu lù biān kàn shǒujī, bù xiǎoxīn shuāi le yì jiāo.

> 직역하면 '고개 숙인 족'인데요, 고개 숙여 자신의
> 스마트폰만 바라보는 사람들을 일컫는 말이에요.
> 스마트기기 중독자를 가리키기도 하죠.

亮亮　哎呀! 我都说了多少次了? 你们这些 " 低头族 " 就是不听。
　　　Āiya!　Wǒ dōu shuō le duōshǎo cì le? Nǐmen zhè xiē "dī tóu zú" jiùshì bù tīng.

不小心摔了一跤。 ： 조심하지 않아서 (한 번) 넘어졌어요.

跤와 같이 원래 물건을 세는 양사는 아니지만 수사 뒤에 쓰여 양사의 역할을 하는 명사들이 있는데,
주로 동작이나 신체부위를 나타내는 명사들이 이에 속합니다.

예

他看了我一眼。　　　　　그는 나를 (한 번) 힐끔 보았다.
Tā kàn le wǒ yì yǎn.

你赶快告诉她一声吧。　　빨리 그녀에게 (한 마디) 알려줘요.
Nǐ gǎnkuài gàosu tā yì shēng ba.

* 赶快[gǎnkuài] 빨리

18-03

단 어

腿 tuǐ 몡 다리　　　　　　　　│ 瘸 qué 동 절뚝거리다　│ 拐 guǎi 동 돌다. 다리를 절다
一瘸一拐 yì qué yì guǎi 절뚝거리다　│ 摔 shuāi 동 넘어지다　│ 跤 jiāo 몡 곤두박질. 공중제비
摔跤 shuāi jiāo 동 넘어지다. 자빠지다　│ 低头族 dī tóu zú 고개 숙여 자신의 스마트폰만 보는 사람들을 일컫는 말
就是 jiùshì 뮈 정말로, 왜 그렇게 (강조의 어감을 나타냄)

다음 대화를 큰 소리로 읽어 보세요.

🔘 18-06

儿子 我也知道这样很危险，但是收到短信也不能不看啊!
　　　Wǒ yě zhīdao zhè yàng hěn wēixiǎn, dànshì shōu dào duǎnxìn yě bù néng bú kàn a!

亮亮 前两天我亲眼看到一个 "低头族" 被车撞了。
　　　Qián liǎngtiān wǒ qīn yǎn kàn dào yí ge "dī tóu zú" bèi chē zhuàng le.

　　　你这次还算比较幸运的。
　　　Nǐ zhè cì hái suàn bǐjiào xìngyùn de.

儿子 知道了，别担心，以后我会注意的。
　　　Zhīdao le, bié dānxīn, yǐhòu wǒ huì zhùyì de.

收到短信也不能不看啊!　: 메시지를 받았는데 **안 볼 수가 없죠**!

不能不A는 'A하지 않을 수 없다'는 뜻으로 '꼭 A해야 한다'라는 강조의 의미를 나타낼 때 쓸 수 있습니다.

예

爸爸住院了，**不能不**去照顾他。　　　아빠가 입원하셔서, 돌봐드리러 가지 않을 수 없어요.
Bàba zhù yuàn le, **bù néng bú** qù zhàogu tā.

我的脚扭伤了，但是**不能不**去上学。　다리를 삐었지만, 학교에 가지 않을 수 없어요.
Wǒ de jiǎo niǔ shāng le, dànshì **bù néng bú** qù shàng xué.

* 扭伤[niǔ shāng] 삐다, 접질리다

단 어

🔘 18-05

危险 wēixiǎn 톙 위험하다	短信 duǎnxìn 똉 메시지	两天 liǎngtiān 똉 이틀, 이삼 일
亲眼 qīn yǎn 뮈 직접 자신의 눈으로 (보다)	撞 zhuàng 똥 부딪히다	还 hái 뮈 그만하면, 그런대로, 꽤
算 suàn 똥 ~인 셈이다	幸运 xìngyùn 톙 운이 좋다 / 똉 행운	注意 zhùyì 똥 주의하다 / 똉 주의

주어진 문형을 이용하여 다양한 표현을 만들어 보세요.

🎧 18-08

1 我不小心摔了一跤。　나는 조심하지 않아서 넘어졌어요.
Wǒ bù xiǎoxīn shuāi le yì jiāo.

| 他使劲儿踢 | 脚 | 그는 힘껏 (한 번) 뻥 찼어요. |
| Tā shǐjìnr tī | jiǎo | |

| 我狠狠地咬 | 口 | 나는 심하게 (한 번) 물었어요. |
| Wǒ hěn hěn de yǎo | kǒu | |

| 她不满意地看 | 眼 | 그녀는 매우 불만족스럽게 (한 번) 힐끔 보았어요. |
| Tā bù mǎnyì de kàn | yǎn | |

亲에는 '직접, 스스로'의 뜻이 있는데 뒤에는 주로 신체 부위를
나타내는 명사가 놓여 '직접 ~하다(했다)'의 의미를 나타냅니다.

2 我亲眼看到了一个 "低头族" 被车撞了。
Wǒ qīn yǎn kàn dào le yí ge "dī tóu zú" bèi chē zhuàng le.

내가 고개 숙이고 휴대폰 보던 사람이 차에 치이는 것을 직접 봤어.

| 他 | 口说自己要减肥 | 그가 직접 자기는 다이어트가 필요하다고 말했어. |
| Tā | kǒu shuō zìjǐ yào jiǎn féi | |

| 我 | 耳听到了这个好消息 | 나는 이 기쁜 소식을 직접 들었어. |
| Wǒ | ěr tīng dào le zhè ge hǎo xiāoxi | |

| 我 | 手织了这件毛衣 | 내가 직접 이 스웨터를 떴어. |
| Wǒ | shǒu zhī le zhè jiàn máoyī | |

🎧 18-07

단 어

使劲儿 shǐjìnr 🔹 힘껏 / 🔹 힘을 쓰다 ｜ 狠 hěn 🔹 호되다, 매섭다, 모질다
狠狠地 hěn hěn de 🔹 심하게 ｜ 咬 yǎo 🔹 물다, 깨물다 ｜ 满意 mǎnyì 🔹 만족하다
亲口 qīn kǒu 🔹 직접 자기 입으로 (말하다) ｜ 亲耳 qīn'ěr 🔹 자신의 귀로 직접 (듣다)
亲手 qīn shǒu 🔹 자신의 손으로 직접 (하다) ｜ 织 zhī 🔹 (털옷을) 짜다, 뜨개질하다

같은 상황에서 쓸 수 있는 다양한 표현을 읽어 보세요.

🎧 18-10

테블릿 PC

Q 你觉得这台平板电脑怎么样?
Nǐ juéde zhè tái píngbǎn diànnǎo zěnmeyàng?

이 태블릿 PC 어때요?

A₁ 屏幕大小正好, 款式也很时尚。
Píngmù dàxiǎo zhèng hǎo, kuǎnshì yě hěn shíshàng.

화면(스크린) 사이즈도 딱 좋고, 디자인도 유행하는 스타일이에요.

A₂ 又轻又薄, 非常不错。
Yòu qīng yòu báo, fēicháng bú cuò.

가볍고 얇아서 아주 좋네요.

🎧 18-11

PLUS TIP ⊕ IT 관련 표현들을 배워 봅시다!

自拍
zìpāi
셀카를 찍다

摄像头
shèxiàngtóu
카메라, 웹캠

线上
xiàn shàng
온라인

线下
xiàn xià
오프라인

🎧 18-09

단 어

台 tái 양 기계, 가전을 세는 단위	平板电脑 píngbǎn diànnǎo 명 테블릿 PC	屏幕 píngmù 명 화면, 스크린
大小 dàxiǎo 명 사이즈	正 zhèng 부 꼭, 딱, 마침	款式 kuǎnshì 명 디자인
时尚 shíshàng 명 유행	轻 qīng 형 가볍다	薄 báo 형 얇다

다음 그림을 보고 그림의 순서대로 이야기를 만들어 보세요.

18-12

小明
Xiǎo míng

1

[摔了一跤]

2

[一瘸一拐]

4

[玩手机]

3
妈妈
māma

[低头族]

5

[注意]

1 你是 "低头族" 吗? 你每天用多长时间的手机?

2 你对 "低头族" 有什么看法?

3 你觉得智能手机利大于弊还是弊大于利, 原因是什么?

* 看法[kànfǎ] 견해 * 利大于弊[lì dà yú bì] 폐해보다 이익이 많다 * 弊大于利[bì dà yú lì] 이익보다 폐해가 많다

참고단어

无所谓
wúsuǒwèi
상관없다

方便
fāngbiàn
편리하다

迅速
xùnsù
신속하다

危险
wēixiǎn
위험하다

信息
xìnxī
정보

沟通
gōutōng
의사소통

获取
huòqǔ
얻다, 획득하다

🔊 18-13

1 🎤 合同书都准备好了吗?
계약서는 준비 되었나?

2 🎤 你动作怎么这么慢! 到底要等多长时间啊!
행동이 왜 이렇게 느려! 도대체 얼마나 기다려야 하는 거지!

3 🎤 你呀, 怎么这几天老是丢三落四的, 打起精神来好不好?
이봐, 왜 요 며칠 항상 이것 저것 빠뜨리는 거야, 정신 좀 차릴 수 없나?

4 🎤 祝我们两家公司合作愉快!
우리 양사의 협력이 잘 되기를 바랍니다!

5 🎤 刚才我边走路边看手机, 不小心摔了一跤。
방금 길을 걸으면서 휴대폰을 보다가, 넘어졌어요.

6 🎤 我都说了多少次了?
내가 이미 몇 번이나 얘기했니?

7 🎤 我也知道这样很危险, 但是收到短信也不能不看啊!
저도 이렇게 하는 것이 아주 위험하다는 건 알아요, 하지만 메시지를 받고 보지 않을 수도 없어요!

8 🎤 知道了, 别担心, 以后我会注意的。
알겠어요, 걱정하세요, 앞으로 조심할게요.

9 🎤 你觉得这台平板电脑怎么样?
이 태블릿 PC 어때요?

10 🎤 又轻又薄, 非常不错。
가볍고 얇아서 아주 좋아요.

새로 생겨나는 많은 신조어들이

중국의 시대적 상황이나 청년들의 생활 패턴을 반영하기도 하는데요,

소비와 관련하여 어떤 표현들이 있는지 알아볼까요?

日光族 rì guāng zú | 일광족

한 달 급여를 하루 만에 깡그리 써버리는 사람들을
의미해요.

星光族 xīng guāng zú | 성광족

한 달 급여를 일주일 만에 써버리는 사람들을 의미
해요.

月光族 yuè guāng zú | 월광족

한 달 급여를 한 달 동안 다 쓰고 저축은 전혀 하지 않
는 사람들을 의미해요.

剁手族 duò shǒu zú | 타수족

온라인 쇼핑에 중독된 샐러리맨들을 일컫는 표현이
에요. 온라인 구매, 해외 직구가 쉬워지면서 생겨난
말이지요. 剁는 원래 '자르다'라는 뜻인데, 자신도
모르게 온라인 구매에 빠져있다가 나중에 청구되는
영수증을 보고 후회하면서 자신의 손을 잘라버리고
싶다는 의미에서 생긴 표현이에요.

모델 샷에 속지 마세요~

허난성(河南省) 소림사(少林寺)

🔴 19-01

网上图片是模特穿的，哪儿能跟她比啊！

Wǎng shàng túpiàn shì mótè chuān de, nǎr néng gēn tā bǐ a!

인터넷의 사진은 모델이 입은 건데, 어떻게 모델과 비교할 수 있겠어!

스토리를 생각하며 잘 듣고 따라 해 보세요.

🔊 19-02

오랜만에 언니 집에 들른 미선. 우연히 택배 기사와 마주쳐 언니의 택배를 받아 주었는데요, 물건을 열어보니 웬 아동복 한 벌이 있네요. 역시 모델이 입은 모습만 보고 사는 것은 매우 위험한 일이었나 봅니다.

美善
Měishàn

姐姐，今天我帮你代收了一份快递。
Jiějie, jīntiān wǒ bāng nǐ dài shōu le yí fèn kuàidì.

美娜
Měinà

太好了，看来我的新衣服到了。
Tài hǎo le, kàn lai wǒ de xīn yīfu dào le.

（打开一看）
(dǎ kāi yí kàn)

美善
Měishàn

哟！姐姐，你买的是童装吧！
Yō! Jiějie, nǐ mǎi de shì tóngzhuāng ba!

美娜
Měinà

我的妈呀！这实物和网上的图片差距怎么这么大呀！
Wǒ de mā ya! Zhè shíwù hé wǎng shàng de túpiàn chājù zěnme zhème dà ya!

美善
Měishàn

哈哈哈，笑死我了，网上的图片是模特穿的，
Hā hā hā, xiào sǐ wǒ le, wǎng shàng de túpiàn shì mótè chuān de,

哪儿能跟她比啊！
nǎr néng gēn tā bǐ a!

美娜
Měinà

我再也不在网上买衣服了。
Wǒ zài yě bú zài wǎng shàng mǎi yīfu le.

美善
Měishàn

这句话我都不知道听了多少遍。
Zhè jù huà wǒ dōu bù zhīdào tīng le duōshǎo biàn.

美娜
Měinà

但是我就是忍不住下手。
Dànshì wǒ jiùshì rěn bu zhù xià shǒu.

다음 대화를 큰 소리로 읽어 보세요.

🎧 19-04

美善   姐姐，今天我帮你代收了一份快递。
        Jiějie,   jīntiān wǒ bāng nǐ dài shōu le yí fèn kuàidì.

美娜   太好了，看来我的新衣服到了。
        Tài hǎo le, kàn lai wǒ de xīn yīfu dào le.

        （打开一看）
        (dǎ kāi yí kàn)

美善   哟！姐姐，你买的是童装吧！
        Yō! Jiějie, nǐ mǎi de shì tóngzhuāng ba!

美娜   我的妈呀！这实物和网上的图片差距怎么这么大呀！
        Wǒ de mā ya! Zhè shíwù hé wǎng shàng de túpiàn chājù zěnme zhème dà ya!

美善   哈哈哈，笑死我了，网上的图片是模特穿的，哪儿能跟她比啊！
        Hā hā hā, xiào sǐ wǒ le, wǎng shàng de túpiàn shì mótè chuān de, nǎr néng gēn tā bǐ a!

哪儿能跟她比啊！   : 어떻게 그녀와 비교할 수 있겠어요!

哪儿能A啊는 '어떻게 A할 수 있겠어요'라는 뜻으로 哪儿대신 怎么를 써도 같은 의미가 됩니다.

예

网上的图片是模特穿的，哪儿能跟她比啊！
Wǎng shàng de túpiàn shì mótè chuān de, nǎr néng gēn tā bǐ a!
인터넷의 사진은 모델이 입은 건데, 어떻게 모델과 비교할 수 있겠어요!

他一整天这么努力学习，哪儿能跟得上他呀！
Tā yì zhěngtiān zhème nǔlì xuéxí, nǎr néng gēn de shàng tā ya!
그는 하루 종일 그렇게 열심히 공부하는데, 어떻게 그를 따라 잡을 수 있겠어요!

* 跟得上[gēn de shàng] 따라 잡을 수 있다 ⟷ 跟不上[gēn bu shàng] 따라 잡을 수 없다

🎧 19-03

단 어

代 dài 통 대신하다	收 shōu 통 받다, 접수하다	份 fèn 양 벌, 세트 (택배를 세는 단위)
快递 kuàidì 명 택배	看来 kàn lai 부 보기에, 보아하니	童装 tóngzhuāng 명 아동복
实物 shíwù 명 실물	图片 túpiàn 명 사진, 그림	差距 chājù 명 차이, 격차
模特 mótè 명 모델	哪儿 nǎr 대 어떻게 (반어문에 쓰여 부정을 표시함)	

다음 대화를 큰 소리로 읽어 보세요.

🎧 19-06

美娜　我再也不在网上买衣服了。
Wǒ zài yě bú zài wǎng shàng mǎi yīfu le.

美善　这句话我都不知道听了多少遍。
Zhè jù huà wǒ dōu bù zhīdào tīng le duōshǎo biàn.

> 원래 就是은 '바로~입니다'라는 뜻이지만, 이 문장에서는
> '그럼에도 불구하고 ~할 수 밖에 없다'라는 의미로 쓰였어요.

美娜　但是我就是忍不住下手。
Dànshì wǒ jiùshì rěn bu zhù xià shǒu.

忍不住下手。 ：참지 못하고 할 수 밖에 없어요.

忍不住는 '참을 수 없다, 견딜 수 없다'라는 의미인데 주로 뒤에 동작을 나타내는 표현이 붙어 '~하는 것을 참을 수 없다'라는 표현으로 사용됩니다.

예

我觉得这件衣服太漂亮了，忍不住买了两件。
Wǒ juéde zhè jiàn yīfu tài piàoliang le, rěn bu zhù mǎi le liǎng jiàn.
이 옷이 너무 예뻐서 참지 못하고 두 벌이나 샀어요.

看他搞笑的样子，她就忍不住笑起来了。
Kàn tā gǎoxiào de yàngzi, tā jiù rěn bu zhù xiào qǐ lai le.
그의 웃긴 모습을 보고, 그녀는 참지 못하고 웃음을 터뜨렸어요.

🎧 19-05

단어

就是 jiùshì 🔵 역시 ~할 수 밖에 없다　　忍不住 rěn bu zhù 참을 수 없다
下手 xià shǒu 🔵 착수하다, ~를(을) 시작하다(하다), 손을 쓰다

주어진 문형을 이용하여 다양한 표현을 만들어 보세요.

🔊 19-08

1 网上图片是模特穿的, 哪儿能跟她比啊!
Wǎng shàng túpiàn shì mótè chuān de, nǎr néng gēn tā bǐ a!

인터넷의 사진은 모델이 입은 건데, 어떻게 모델과 비교할 수 있겠어!

看他可怜的样子 Kàn tā kělián de yàngzi	袖手旁观 xiù shǒu páng guān	그의 불쌍한 모습을 보고 어떻게 수수방관할 수 있겠어!
没带身份证 Méi dài shēnfènzhèng	办卡 bàn kǎ	신분증 없이 어떻게 카드를 만들 수 있겠어!
这么好的机会 Zhème hǎo de jīhuì	错过 cuòguò	이렇게 좋은 기회를 어떻게 놓칠 수 있겠어!
他请我吃饭 Tā qǐng wǒ chī fàn	不去 bú qù	그가 밥을 사는데 어떻게 안 갈 수 있겠어!

2 我就是忍不住下手。
Wǒ jiùshì rěn bu zhù xià shǒu.

나는 참지 못하고 할 수 밖에 없어.

看了这部感人的电影 Kàn le zhè bù gǎn rén de diànyǐng	流下眼泪 liú xià yǎnlèi	이 감동적인 영화를 보고 눈물을 참을 수 없었어.
昨天我又 Zuótiān wǒ yòu	吃了夜宵 chī le yèxiāo	어제 나는 또 참지 못하고 야식을 먹었어.
这个秘密我 Zhè ge mìmì wǒ	告诉了大家 gàosu le dàjiā	이 비밀을 참지 못하고 모두에게 알렸어요.

🔊 19-07

단 어

可怜 kělián 형 불쌍하다 | 袖手旁观 xiù shǒu páng guān 성 수수방관하다. 남의 일에 전혀 관여하지 않다
身份证 shēnfènzhèng 명 신분증 | 错过 cuòguò 동 (시기나 대상을) 놓치다 | 感人 gǎn rén 동 감동시키다
眼泪 yǎnlèi 명 눈물 | 夜宵 yèxiāo 명 야식, 밤참

같은 상황에서 쓸 수 있는 다양한 표현을 읽어 보세요.

🎧 19-10

인터넷 구매

A₁ 这不是我买的鞋子，快递送错了。
Zhè bú shì wǒ mǎi de xiézi, kuàidì sòng cuò le.

이것은 내가 산 신발이 아닌데, 택배가 잘못 왔네.

A₂ 这件衣服我试穿了以后不满意该怎么办？
Zhè jiàn yīfu wǒ shìchuān le yǐhòu bù mǎnyì gāi zěnme bàn?

이 옷 입어보고 마음에 안 들면 어떻게 해야 하지?

B 没关系，你要不退款，要不换货。
Méi guānxi, nǐ yàobù tuì kuǎn, yàobù huàn huò.

괜찮아, 환불을 하든지, 교환을 하면 돼.

🎧 19-11

PLUS TIP ➕ **인터넷 관련 표현을 알아봅시다!**

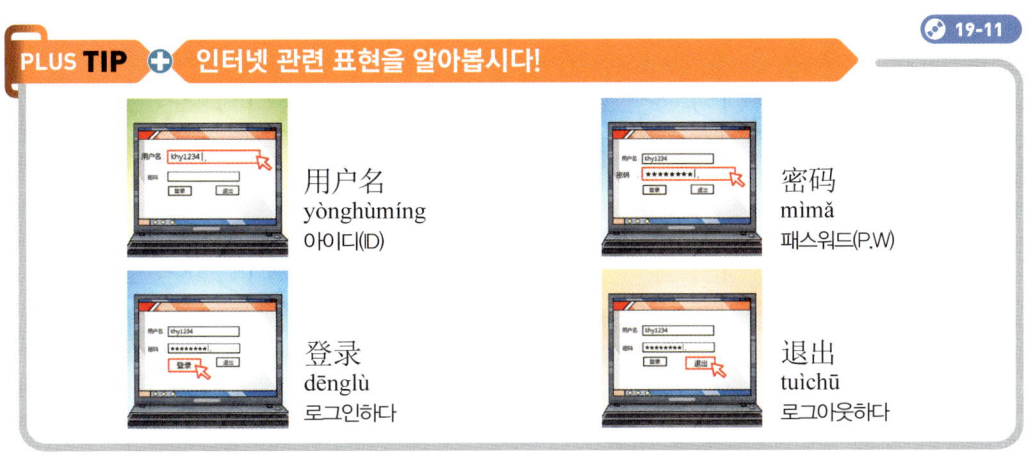

用户名
yònghùmíng
아이디(ID)

密码
mìmǎ
패스워드(P.W)

登录
dēnglù
로그인하다

退出
tuìchū
로그아웃하다

🎧 19-09

단어

该 gāi **조동** ~해야 한다 | 要不A, 要不B yàobù A, yàobù B A하든지, 아니면 B하든지
退款 tuì kuǎn **동** 환불하다 | 换货 huàn huò **동** 물건을 교환하다

다음 그림을 보고 그림의 순서대로 이야기를 만들어 보세요.

19-12

[快递]

[新衣服]

[差距]

[颜色不一样]

[再也不~了]

다음 질문에 대해 자신의 상황에 맞춰 중국어로 대답해 보세요.

1 你喜欢网上购物吗?

2 你一般在网上买什么东西?

3 你有网上购物失败的经验吗? 请简单介绍一下。

* 失败[shībài] 실패하다

참고단어

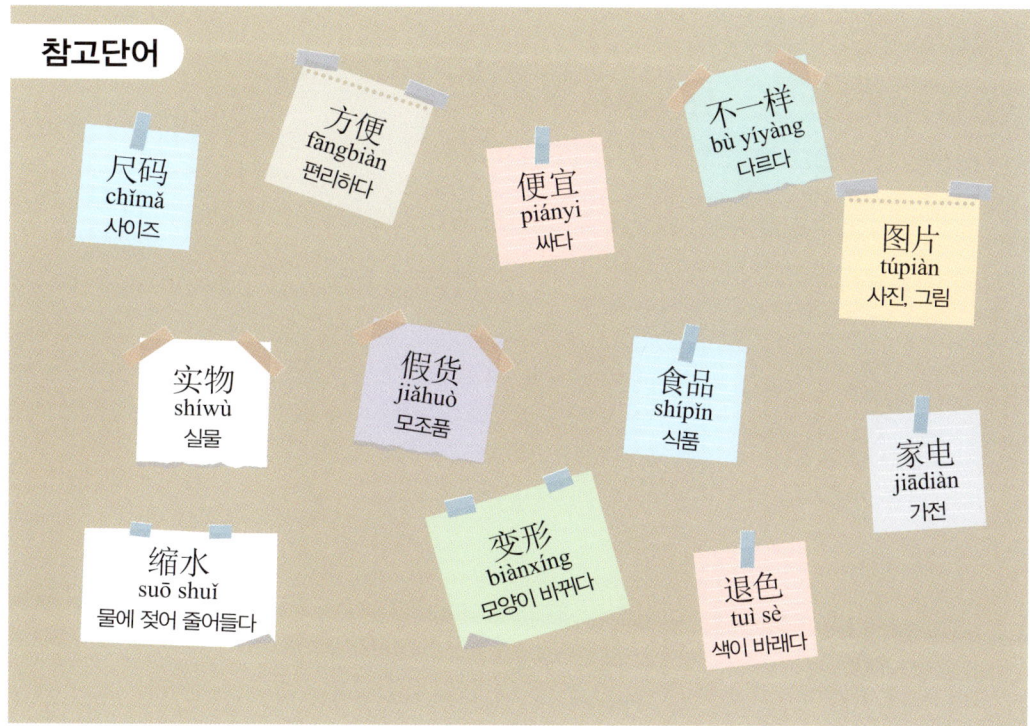

尺码
chǐmǎ
사이즈

方便
fāngbiàn
편리하다

便宜
piányi
싸다

不一样
bù yíyàng
다르다

图片
túpiàn
사진, 그림

实物
shíwù
실물

假货
jiǎhuò
모조품

食品
shípǐn
식품

家电
jiādiàn
가전

缩水
suō shuǐ
물에 젖어 줄어들다

变形
biànxíng
모양이 바뀌다

退色
tuì sè
색이 바래다

안녕이라고 말하지마~
SNS가 있잖아~

구이린(桂林) 여강(丽江)

20-01

这是我的二维码，你扫一下就行。
Zhè shì wǒ de èrwéimǎ,　nǐ sǎo yíxià jiù xíng.

이게 제 QR코드예요, 스캐닝하면 돼요.

미나가 중국에서 일을 한 지 벌써 1년이 다 되어 갑니다. 이제 한국 본사로 돌아가야 할 날이 얼마 남지 않았는데요, 다행히 SNS가 있어 중국 동료들과 계속 연락을 주고받을 수 있게 되었네요. 중국에서는 주로 어떤 SNS를 이용하는지 볼까요?

美娜
Měinà
下周我要回国了，我们一定要保持联系哦。
Xià zhōu wǒ yào huí guó le, wǒmen yídìng yào bǎochí liánxì o.

玲玲
Língling
那还用说! 你加我微信吧。
Nà hái yòng shuō! Nǐ jiā wǒ Wēixìn ba.

美娜
Měinà
怎么加你？
Zěnme jiā nǐ?

玲玲
Língling
这是我的二维码，你扫一下就行。
Zhè shì wǒ de èrwéimǎ, nǐ sǎo yíxià jiù xíng.

美娜
Měinà
好的，那你要经常上传新的照片哦!
Hǎo de, nà nǐ yào jīngcháng shàngchuán xīn de zhàopiàn o!

玲玲
Língling
没问题，你也多更新一下在韩国的生活。
Méi wèntí, nǐ yě duō gēngxīn yíxià zài Hánguó de shēnghuó.

美娜
Měinà
多谢你一直以来对我的照顾，下次你来韩国我一定给你当导游。
Duō xiè nǐ yìzhí yǐlái duì wǒ de zhàogu, xià cì nǐ lái Hánguó wǒ yídìng gěi nǐ dāng dǎoyóu.

玲玲
Língling
就这么说定了，一路顺风!
Jiù zhème shuō dìng le, yí lù shùn fēng!

다음 대화를 큰 소리로 읽어 보세요.

🎧 20-04

美娜 下周我要回国了，我们一定要保持联系哦。
Xià zhōu wǒ yào huí guó le, wǒmen yídìng yào bǎochí liánxì o.

> '위챗'이라고 하는 중국의 SNS예요.
> 중국 친구들과의 소통에 가장 많이 쓰이는 SNS랍니다.

玲玲 那还用说! 你加我微信吧。
Nà hái yòng shuō! Nǐ jiā wǒ Wēixìn ba.

美娜 怎么加你?
Zěnme jiā nǐ?

玲玲 这是我的二维码，你扫一下就行。
Zhè shì wǒ de èrwéimǎ, nǐ sǎo yíxià jiù xíng.

加我微信吧。 : 위챗에 친구추가를 해 주세요.

SNS에서 사용할 수 있는 여러 가지 표현을 알아봅시다.

예

请不要恶意回帖。
Qǐng bú yào èyì huí tiě.
악성 댓글 달지 마세요.

多给我点赞哦。
Duō gěi wǒ diǎn zàn o.
'좋아요'를 많이 눌러 주세요.

下载这个应用(软件)就可以了。
Xiàzǎi zhè ge yìngyòng(ruǎnjiàn) jiù kěyǐ le.
이 어플리케이션을 다운 받으시면 됩니다.

* 恶意[èyì] 악의, 악성　* 回帖[huí tiě] 댓글　* 点赞[diǎn zàn] '좋아요'를 누르다
* 应用软件[yìngyòng ruǎnjiàn] 어플리케이션　* 软件[ruǎnjiàn] 소프트웨어

단어

🎧 20-03

保持 bǎochí 통 (지속적으로) 유지하다, 지키다 | 加 jiā 통 더하다, 추가하다
微信 Wēixìn 고유 위챗 (중국에서 사용되는 SNS의 일종) | 二维码 èrwéimǎ 명 QR코드
扫 sǎo 통 청소하다, 스캐닝하다

🔘 20-06

美娜　好的，那你要经常上传新的照片哦！
Hǎo de, nà nǐ yào jīngcháng shàngchuán xīn de zhàopiàn o!

玲玲　没问题，你也多更新一下在韩国的生活。
Méi wèntí, nǐ yě duō gēngxīn yíxià zài Hánguó de shēnghuó.

美娜　多谢你一直以来对我的照顾，下次你来韩国我一定给你当导游。
Duō xiè nǐ yìzhí yǐlái duì wǒ de zhàogu, xià cì nǐ lái Hánguó wǒ yídìng gěi nǐ dāng dǎoyóu.

> '여정이 순조롭기를 바랍니다'의 뜻이에요.
> 一路平安[yí lù píng' ān]도 비슷한 의미로 자주 쓰인답니다.

玲玲　就这么说定了，一路顺风！
Jiù zhème shuō dìng le, yí lù shùn fēng!

说定了 ： (구두로) 결정하다, 약속하다

说定은 약속할 때 많이 쓰는 관용어로 비슷한 표현에는 '한 마디로 약속하다'라는 의미의 성어 一言为定 [yì yán wéi dìng] 또는 '한 말은 꼭 지킨다'라는 의미의 说话算数[shuō huà suàn shù] 등이 있습니다.

예

下次请你喝一杯，一言为定！　　　다음 번에 제가 한잔 살게요, 꼭 약속해요!
Xià cì qǐng nǐ hē yì bēi, yì yán wéi dìng!

你怎么说话不算数呢？　　　너는 왜 약속 안 지키니?
Nǐ zěnme shuō huà bú suàn shù ne?

* 算数[suàn shù] 한 말을 책임지다

🔘 20-05

단 어

上传 shàngchuán 통 업로드하다	**更新** gēngxīn 통 업데이트하다, 갱신하다	
一直以来 yìzhí yǐlái 계속, 지금까지	**以来** yǐlái 명 이래, 동안	**对** duì 젠 ~에게, ~에 대해
下次 xià cì 명 다음 번	**当** dāng 통 담당하다	**导游** dǎoyóu 명 가이드
说定 shuō dìng 통 구두로 결정하다, 약속하다		

주어진 문형을 이용하여 다양한 표현을 만들어 보세요.

🎧 20-08

1 你多**更新**一下**在韩国的生活**。　한국에서의 생활(모습)을 자주 업로드 해줘요.
Nǐ duō gēngxīn yíxià zài Hánguó de shēnghuó.

了解　　　　中国的情况　　　　중국의 상황을 잘 이해하세요.
liǎojiě　　　Zhōngguó de qíngkuàng

参考　　　　这份资料　　　　이 자료를 많이 참고하세요.
cānkǎo　　　zhè fèn zīliào

尝试　　　　新的方式　　　　새로운 방법을 많이 경험해 보세요.
chángshì　　xīn de fāngshì

2 我一定给你**当导游**。　제가 당신에게 꼭 가이드를 해 드릴게요.
Wǒ yídìng gěi nǐ dāng dǎoyóu.

看我拍的电影　　　당신에게 꼭 제가 찍은 영화를 보여드릴게요.
kàn wǒ pāi de diànyǐng

写一封信　　　당신에게 꼭 편지를 써 드릴게요.
xiě yì fēng xìn

一个满意的答案　　　당신에게 꼭 만족할만한 답을 드릴게요.
yí ge mǎnyì de dá'àn

🎧 20-07

단 어

了解 liǎojiě 동 자세하게 알다, 이해하다 ｜ 情况 qíngkuàng 명 상황, 정황 ｜ 参考 cānkǎo 동 참고하다, 참조하다
资料 zīliào 명 자료 ｜ 尝试 chángshì 동 시도해보다, 경험해보다 ｜ 方式 fāngshì 명 방식, 방법
满意 mǎnyì 형 만족하다, 만족스럽다 ｜ 答案 dá'àn 명 답, 답안

같은 상황에서 쓸 수 있는 다양한 표현을 읽어 보세요.

🎧 20-10

SNS 소통

A 你最常用的社交网络是什么?
Nǐ zuì cháng yòng de shèjiāo wǎngluò shì shénme?

당신이 가장 자주 사용하는 SNS는 무엇인가요?

B₁ 我常用微信, 微信的语音短信功能很方便。
Wǒ cháng yòng Wēixìn, Wēixìn de yǔyīn duǎnxìn gōngnéng hěn fāngbiàn.

저는 위챗을 자주 사용해요, 위챗의 음성메시지 기능이 편하거든요.

B₂ 我很少使用社交网络。
Wǒ hěn shǎo shǐyòng shèjiāo wǎngluò.

저는 SNS를 거의 사용하지 않아요.

B₃ 我对社交网络不感兴趣。
Wǒ duì shèjiāo wǎngluò bù gǎn xìngqù.

저는 SNS에 관심이 없어요.

🎧 20-11

PLUS TIP ➕ **SNS 관련 표현을 알아봅시다!**

脸谱网
Liǎnpǔwǎng
페이스북

推特
Tuītè
트위터

照片墙
Zhàopiànqiáng
인스타그램

安卓
Ānzhuó
안드로이드

🎧 20-09

단 어

社交网络 shèjiāo wǎngluò 명 소셜 네트워크, SNS	**语音短信** yǔyīn duǎnxìn 명 음성메시지
功能 gōngnéng 명 기능 ｜ **使用** shǐyòng 동 사용하다	**兴趣** xìngqù 명 흥미, 관심
感兴趣 gǎn xìngqù 관심이 있다	

다음 그림을 보고 그림의 순서대로 이야기를 만들어 보세요.

🎧 20-12

[微信 / 加好友]

[下载应用]

[上传]

[二维码]

[更新]

* 加好友[jiā hǎoyǒu] 친구를 추가하다
* 下载[xiàzǎi] 다운로드하다   * 应用[yìngyòng] 어플리케이션

다음 질문에 대해 자신의 상황에 맞춰 중국어로 대답해 보세요.

1 你平时最常用的应用软件是什么？

2 你经常使用SNS吗？你觉得SNS的好处是什么？

3 你对恶意回帖有什么看法？

* 恶意回帖[èyì huí tiě] 악성 댓글

참고단어

交友
jiāo yǒu
친구를 사귀다

游戏
yóuxì
게임

地图
dìtú
지도

词典
cídiǎn
사전

音乐
yīnyuè
음악

获取
huòqǔ
획득하다

信息
xìnxī
정보

新鲜事
xīnxiān shì
희한한 일,
신선한 일

了解
liǎojiě
이해하다

社会
shèhuì
사회

人身攻击
rénshēn gōngjī
인신공격

侵犯
qīnfàn
침범하다,
침해하다

隐私
yǐnsī
프라이버시,
사생활

녹음을 듣고 어조에 주의하여 큰 소리로 읽어 보세요.

💿 20-13

1 🎤 今天我帮你代收了一份快递。
오늘 내가 너의 택배를 대신 받았어.

2 🎤 这实物和网上的图片差距怎么这么大呀！
실물과 사진의 차이가 왜 이렇게 큰 거야!

3 🎤 网上图片是模特穿的，哪儿能跟她比啊！
인터넷의 사진은 모델이 입은 건데, 어떻게 그녀(모델)와 비교할 수 있겠니?

4 🎤 这句话我都不知道听了多少遍。
이 말을 내가 이미 몇 번이나 들었는지 모르겠다.

5 🎤 这件衣服我试穿了以后不满意该怎么办？
이 옷 내가 입어보고 마음에 안들면 어떻게 해야 하지?

6 🎤 没关系，你要不退款，要不换货。
괜찮아, 환불을 하든지, 교환을 하면 돼.

7 🎤 下周我要回国了，我们一定要保持联系哦。
다음 주에 저 귀국해요, 우리 꼭 계속 연락해요.

8 🎤 那还用说! 你加我微信吧。
당연하죠! 위챗에 저를 친구 추가해요.

9 🎤 你最常用的社交网络是什么？
당신이 가장 자주 사용하는 SNS는 무엇인가요?

10 🎤 我对社交网络不感兴趣。
저는 SNS에 관심이 없어요.

중국문화 산책하기

전 세계인들이 많이 쓰고 있는 인터넷사이트 또는 SNS 중에 중국에서는
사용하지 못하는 것들이 있어요. 그렇다고 중국인들이 SNS를 전혀 하지 않는 것은 아니죠.
유튜브나 트위터 등을 대체하고 있는 사이트들이 있는데 중국 친구와의
커뮤니케이션을 위해 알아 두는 것도 좋겠죠?

微博 Wēi bó | 중국판 트위터

중국의 대표적인 포털 사이트인
新浪[Xīnlàng]_시나닷컴의 SNS 서비스예요.
중국에서는 트위터를 사용할 수 없기 때문에 웨이보
를 많이 사용해요.

人人网 Rén rén wǎng | 중국판 페이스북

원래는 학교 동문 간의 SNS였는데, 지금은
FACEBOOK을 대체하는 매체가 되었어요. 전부
실명제로 운영되는 것이 특징이에요.

百度 Bǎi dù | 중국판 구글

중국에서 가장 많이 쓰이는 검색 엔진이에요. 구글이
2005년부터 중국에 진출해 점유율을 높이고자 했지
만, 중국 정부가 콘텐츠를 검열하려 하자 정부와의
갈등을 이유로 중국에서 철수했어요.

UNIT 11 가사분담! 이제는 필수!

량량 여보, 오랫동안 당신이 만들어준 음식을 못 먹어서, 많이 생각나네요!

리원 오늘 모처럼 쉬니까, 내가 요리할게.

량량 너무 좋아요, 당신이 만든 '홍샤오파이구'가 특히 먹고 싶어요.

리원 문제없어, 가서 텔레비전 보고 있어. 나 혼자 해도 충분하니까.

(리원이 '홍샤오파이구'를 다 만들었음)

량량 와! 냄새가 근사한데요!

리원 빨리 식기 전에 먹자.

량량 아, 왜 이렇게 짜요, 너무 오래 음식을 안 해서 솜씨조차 나빠진 거 아니에요?

■ 내 것으로 만들기 1

星期六下午，小野和小美一起在家休息。小美突然想吃小野做的红烧排骨。小野决定亲自为小美做饭。小野让小美去看电视，自己做完饭再去叫她。小美非常期待地尝了一口，但是觉得有点儿淡。她向小野抱怨，是不是太久没做饭，连手艺都退步了？

UNIT 12 중국 여행, 이제 힘들지 않아요~

미선 내일 이허위안, 톈안먼, 왕푸징에 가 보려고 해. 어떻게 가면 가장 편할까?

따펑 만약 나라면 '빠오처'를 이용할 거야(선택할 거야).

미선 '빠오처'가 뭔데? 나는 잘 모르겠네.

따펑 '빠오처'는 차량도 빌리고 운전기사도 함께 고용하는 거야. 기사가 온종일 너를 따라다녀.

미선 '빠오처'가 그렇게 좋은 줄은 몰랐네. 움직이기 정말 편하겠다. 그런데 가격이 너무 비싸지 않을까?

따펑 확실히 그렇게 싸지는 않아. 그런데 쓸만한 가치가 있어. 게다가 시간도 많이 절약할 수 있거든.

미선 그럼 인터넷으로 찾아봐야겠다.

■ 내 것으로 만들기 1

周末小李想去颐和园、天安门和王府井逛逛。小李不知道该怎么去。小赵向小李推荐包车。小赵告诉小李包车就是租一辆车和司机。小李猜包车肯定不便宜，打算上网查一查价格。查完后小李觉得不太贵，打电话预订了一家。

량량 다음 주에 여행 갈 계획인데, 우리 강아지 좀 돌봐줄 수 있어?

미나 가능해. 주의해야 할 것이 있어?

량량 있어. 네 가지 사항만 주의하면 돼.

미나 좋아. 그럼 적을게.

량량 첫째, 하루 세끼 각각 다른 음식을 줘야 해.

둘째, 오전 10시, 오후 4시에 간식을 먹여야 해.

셋째, 매일 아침 저녁에 강아지를 데리고 산책도 시켜줘.

넷째, 저녁에는 음악을 들어야 잠을 자.

미나 맙소사! 사람보다 더 돌보기 힘들구나.

■ 내 것으로 만들기 1

小金的女朋友领养了一只宠物狗。女朋友让小金帮她照顾小狗。小金也非常喜欢动物。他又给小狗喂零食，又带小狗散步。晚上小狗睡觉的时候还给它放音乐，把小狗照顾得很好。

의사 어디가 불편하세요?

미나 요즘 목이 너무 아파요. 어떨 때는 머리까지 어지러워요.

의사 지금은 무슨 문제인지 말하기 어렵고요, 먼저 사진(X-ray)을 찍어 봅시다.

(사진을 찍은 후에)

의사 척추가 조금 변형되었네요. 항상 고개 숙여 일하거나, 휴대폰 보는 거 아니에요?

미나 맞아요. 일하거나 여가를 보낼 때 항상 휴대폰과 함께 하거든요.

의사 그러면 절대 안 돼요. 이렇게 가다가는 당신의 증상이 더 심각해질 거예요. 되도록 휴대폰 사용을 줄이고, 시간 날 때 스트레칭을 많이 해주세요.

■ 내 것으로 만들기 1

小英最近脖子总是疼得要命，打算去医院看看。医生先让小英拍个片子。拍完片子后，医生边看片子边告诉小英她的脊椎有点变形了。医生提醒小英多做伸展运动和游泳。

UNIT 15 샐러리맨의 비애

링링 요즘 일이 너무 많아, 스트레스가 심하네!

왕밍 나도 그렇게 생각해. 항상 퇴근 시간만 되면 회의를 하네.

링링 맞아! 정말 짜증나, 오랫동안 가족들과 저녁 식사도 함께 못했어.

왕밍 누가 아니래, 우리 아들은 이제 막 두 살인데, 내가 아침에 일찍 나오고 저녁에 늦게 들어가니까 나를 거의 못 알아봐.

링링 우리 남편도 요즘 귀가가 너무 늦다고 계속 불만이야, 자주 싸운다니까.

왕밍 가정과 일 둘 다 돌보기가 정말 쉽지 않네!

■ 내 것으로 만들기 1

到年末了业绩还没完成，小美觉得压力很大。小野的部门最近也是天天加班。他好几天都早出晚归，连跟家人吃饭的时间都没有。孩子才两岁，都快不认识他了。小美也因为晚回家天天和老公吵架。小美觉得兼顾家庭和事业真的很难。

UNIT 16 직장상사 스트레스! 피할 수 없다면 즐겨라!

왕밍 아이고, 이 회사 정말 못 다니겠다!

미나 오늘 또 무슨 일이 있었어요?

왕밍 이 매니저 안면 바꾸는 게 책장 넘기는 속도보다 빠르고 (변덕이 심해), 툭하면 화를 내.

미나 화 푸세요, 상사잖아요, 많이 참으셔야죠.

왕밍 내가 무엇을 어떻게 할 수 있겠어? 나도 단지 말해본 것뿐이야.

미나 아이고, 직장 생활이 원래 이렇게 화도 참고, 하고 싶은 말도 참아야 하나 봐요.

■ 내 것으로 만들기 1

小张看到小王叹气问他有什么事。小王抱怨上司动不动就发脾气。小张也非常理解小王的心情，但是还是劝他要忍一忍。小张安慰小王不要太伤心。小王想今天晚上喝一杯。他们约好在老地方见。

회사에서는 무조건 일을 잘해야…

링링 왜 이제서야 오는 거지?

미나 죄송해요, 길에서 차가 너무 막혔어요.

링링 일단 해명은 됐고, 계약서는 준비되었지?

미나 이미 준비 되었어요. 잠시만 기다려 주세요.

(미나가 계약서를 찾음)

링링 행동이 왜 이렇게 느려! 도대체 얼마나 기다려야 하는 거야!

미나 어제 분명히 계약서를 테이블 위에 놓아두었는데, 오늘 없어졌어요.

링링 미나씨, 왜 요 며칠 항상 이것 저것 빠뜨리는 거야. 정신 좀 차릴 수 없어?

미나 죄송해요, 금방 한 부 다시 준비할게요.

▌ 내 것으로 만들기 1

周一早上因为堵车小张迟到了，一上班老板就让小张准备好合同书。小张昨天下班的时候明明把合同书放在桌子上。今天早上怎么找也找不到。老板责备小张最近总是丢三落四。小张也觉得最近身体有点不舒服，想去医院看看。

고개 숙인 청년들! 조심하세요~

량량 아들, 왜 다리를 절뚝거려?

아들 방금 길을 걸으면서 휴대폰을 보다가, 실수로 (조심하지 않아서) 넘어졌어요.

량량 아이고, 내가 이미 몇 번이나 말했니? 너희 같은 '띠터우주(길에서도 고개 숙이고 스마트기기를 보는 사람을 지칭)'들은 말을 안 듣는구나.

아들 저도 위험하다는 건 알지만, 메시지가 오면 안 볼래야 안 볼 수가 없어요.

량량 며칠 전에 '띠터우주' 한 명이 차에 치이는 것을 직접 봤어. 너 이번에는 운이 좋았던 거야.

아들 알겠어요, 걱정하지 마세요, 앞으로 주의할게요.

▌ 내 것으로 만들기 1

小明边看手机边走路，不小心摔了一跤，走路一瘸一拐的。妈妈责备小明像他这样的低头族太危险了，以后千万不要边走路边玩儿手机。小明跟妈妈保证以后自己会注意的。

UNIT 19 모델 샷에 속지 마세요~

미선 언니, 오늘 내가 언니 택배 대신 받아 두었어.

미나 잘됐다. 내 새 옷이 도착한 모양이군.

(택배를 열어 본 후)

미선 어머! 언니, 아동복 산 거야?

미나 세상에! 이거 실물이 인터넷에서 본 사진이랑 왜 이렇게 차이가 크지?

미선 하하하, 웃겨 죽겠네. 인터넷의 사진은 모델이 입은 거잖아, 어떻게 모델과 비교할 수 있어!

미나 더 이상 인터넷에서 옷을 사지 말아야겠어.

미선 그 말을 몇 번이나 들었는지 모르겠네.

미나 그런데도 참을 수 없단 말이야.

■ 내 것으로 만들기 1

小美期待已久的快递终于到了。小美打开一看发现新衣服的颜色跟在网上看到的颜色不一样。小美和妹妹都觉得网上的图片和实物差距太大了。小美非常失望，再也不想在网上买衣服了。

UNIT 20 안녕이라고 말하지마~ SNS가 있잖아~

미나 다음 주에 저는 귀국할 거예요. 우리 꼭 계속 연락하고 지내요.

링링 당연하지! 위챗에 친구추가를 해줘.

미나 어떻게 추가하면 돼요?

링링 이게 내 QR코드야, 스캐닝하면 돼.

미나 네, 그럼 새로운 사진으로 자주 업로드해 주세요.

링링 당연하지, 미나씨도 한국 생활 자주 업데이트해 줘.

미나 지금까지 잘 대해주셔서 정말 감사해요, 다음에 한국에 오시면 제가 꼭 가이드해 드릴게요.

링링 약속한 거야, 조심해서 잘 가!

■ 내 것으로 만들기 1

小李问小金怎么用微信加好友。小金告诉小李先下载应用，之后扫一下二维码就可以了。小金还告诉小李上传照片的方法。小李觉得微信很有趣想经常更新照片，和朋友们分享一下。